醒世箴言

孙效东　编著

山东大学出版社

图书在版编目(CIP)数据

醒世箴言/孙效东编著.—济南:山东大学出版社,2015.11

ISBN 978-7-5607-5406-2

Ⅰ.①醒…　Ⅱ.①孙…　Ⅲ.①汉语—箴言—汇编
Ⅳ.①H136.3

中国版本图书馆CIP数据核字(2015)第290494号

责任策划:王　潇
责任编辑:秦大忠
封面设计:牛　钧

出版发行:山东大学出版社
社　址　山东省济南市山大南路20号
邮　编　250100
电　话　市场部(0531)88364466
经　　销:山东省新华书店
印　　刷:泰安金彩印务有限公司
规　　格:880毫米×1230毫米　1/32
5.625印张　106千字
版　　次:2015年11月第1版
印　　次:2015年11月第1次印刷
定　　价:20.00元

孙效东，生于1933年11月。颛（zhuān专）孙氏，孔子弟子颛孙师（字子张）七十三代裔。谱名振亮，曾用名鹏。山东省济宁市太白湖区石桥镇孙庄村人。父亲塾师，幼承庭训，读私塾二年；战乱辍学，荒废学业十一年（1941～1952年）。建国后，仅读小学一年零两个月；后于务农之暇，刻苦自学，考取山东省济宁一中，名列前茅；继读初、高中六年后，考入山东大学历史系（五年制）。

1966年夏从山东大学毕业，原本被分配到国家煤炭部，岂料"时不利兮"，命运多舛，"文革"大乱，势如狂飙。除外交部外，中央各部尽数瘫痪，原部属高校毕业生分配方案废止。故，他自愿返故乡教书，以己所学，报效桑梓。

自此，先后任教于济宁一中、六中、二中、中共山东省济宁市委党校中区分校等。其间，为初、高中学生讲授中国历史、世界历史、语文、政治、书法等课程；为党校学员主讲中共党史、中外通史、哲学、政治经济学、科学社会主义、经济管理学、公共关系学、逻辑学、干部写作等课程。光阴荏苒，不觉从教三十余年，直接受业弟子数以万计。他每念及此，甚感欣慰。

退休十多年来，他悉心从事诗词、书法研究与创作。诗、书作品，颇获好评。诗词作品荣获全国一等奖，并于北京钓鱼台国宾馆获颁证书；书法作品在海内外大展赛中荣获金奖数十次；先后被授予"中华爱国书法名家""共和国红色传承书法名家""红色功勋艺术家""国礼书法家"等；其书法作品作为国礼被赠予东盟十国和其他国家。除发表了多篇论文外，主要编著有《颛孙氏族谱》《处世箴言》《孙效东诗词选》《敏慎斋诗词选》《醒世箴言》等。

缘　起

（代序一）

中共济宁市委党校中区分校的孙效东教授集中两年多的时间，就他几十年的感悟编纂了《醒世箴言》一书。

孙效东的《醒世箴言》，是一部以历史、科学、文化知识为载体，倡导文明、廉政、礼义、圣洁，且以此为主线，集中华民族优秀传统美德之大成，颇具哲理性。某种意义上讲，它既有长远的历史意义，又有深刻的现实意义；它是寓爱国主义和道德教育于一体的现代《弟子规》《三字经》《朱子家训》……但，又与它们有所不同。这在其内容、语言和体例诸方面均有鲜明的体现。可以说，这本著作既顺应社会的发展，又符合时代的要求。

孙效东教授早在几年前便集就了他的《敏慎斋诗词选》，2013 年经编委会遴选了部分箴言结集出版。《敏慎斋诗词选》出版后，在社会上产生了一定的影响，尤其书中“箴言”部分引起较大关注。于是，编委会建议：应广大读者要求，再将“箴言篇”内容酌加充实，形成专集。

孙效东不负众望，扑下身子将自己几十年的悟世笔记加以梳理，尔后数易其稿，最终形成了《醒世箴言》。

《醒世箴言》正文分六章，即杂言篇（长短句）、三言篇、四言篇、五言篇、六言篇及七言篇，计2578句。尽管分六章六篇，但其内容一致不涉其余，始终遵循倡导文明、廉政、礼义、圣洁这一主线，全力弘扬中华民族的传统美德。只是注重了单音词、双音词的结合，讲求韵律，且尽可能做到通俗好懂、朗朗上口，易记，易领会，易接受，以求普及。又，对部分字词进行注音并加以简释，为的是使不同层次的读者都能领悟，以便更好地弘扬中华民族的优秀传统美德，促进精神文明建设。编者在形式与内容和谐、统一方面作出了难能可贵的努力。

我与孙效东教授相识、相交、相知，已近半个世纪了。他原是山东大学历史系（五年制）的高材生，不才也曾有幸在20世纪80年代被山东大学当时的哲学系聘为调研员，以此因缘，可说我与他结识已久，因此了解他的为人、秉性及其学识。况且在相当一个时段我们在同一单位共事过，就是之后天各一方，也仍常常切磋知识，探求学问，从未间断来往。他在传统文化方面确实有深厚的功底和独到的见解。由于父亲为塾师，孙效东自幼便受着高尚传统美德的熏陶和教养。他原出身名家，乃为孔子得意门生颛孙师（字子张）七十三代裔，祖父、父亲均饱读诗书，名闻乡里。孙效东自幼便注重探究中华民族传统美德，且有着独到的领悟能力和对善美的追求。其他学习更不在话下。他竟能只上了两年私塾和一年零两个月的小学，便以优异成绩考入山东省重点中学——济宁第一中学。六年的初、高中毕业后，他又以优异成绩考取了全国重点大学——山东大学历史系。故，他能集纂《醒世箴言》，并有着与时俱进的领悟力和融汇力，当是自然而然的了。

《醒世箴言》集汇了儒释道等诸大家的精华，符合当今乃至后世的社会发展趋势，渗透着传统与时代的气息。这不由使我想起了当初。当初，大家建议他纂辑箴言时，他似乎有"恭敬不如从命"的感觉，终于还是将其长期积累的数以万计的箴言笔录杂记陆陆续续送给我。谁知不读则已，品读再三后，我深深感到这些文字大有时代和历史的价值，恰似串串珍珠！于是，我进而建议他把这些珍贵的文字编纂分类成集，以供世人共同学习，成为对社会的一大贡献！

《醒世箴言》在组编中所采取的方法是后现代的挪用、引用与重组，间有作者自己的感悟。不管如何，孙效东教授所追求的旨趣，确是对中华传统中具有高度价值部分进行继承和弘扬，同时也是他对几十年来自己学习和领悟传统文化的总结。效东兄认为，继承是适时适地地创造而又不失初衷，是与时俱进的发展。可以这样认为，《醒世箴言》给人的启迪不受地域、民族、性别、年龄的限制，更是一部跨时空的——实则是一部人们修身养性、理政治国的既美且善的普及性读物！当今，此类图书固可称得上层出不穷，但学来习去，感觉《醒世箴言》当属其中的佼佼上篇。此实为余品读后之感悟，或许可谓一家之言罢。

余又想到，当今时兴包装，世人每以"大人物"的作品为上品。固然不可一概否定大人物，却也不可否认地方上亦卧虎藏龙……且不必闲管这些了，还是请读一读、品一品孙效东的《醒世箴言》，而后再作结论吧！一吐为快，当否？是为序。

陈柳德

2015年3月22日

陈柳德：中国管理科学研究院人文科学研究所研究员、中华孔子学会会员、中国曲艺家协会会员、中国当代书法美术名人研究会研究员、山东书画研究院研究员、山东省民俗学会理事、济宁市民俗学会副秘书长、中国国画院副院长兼中国诗书画研究院副院长、著名长篇历史小说《玉堂酱园》的作者。他先后被授予"全国优秀创作员""全国中华艺苑名家""全国人文社会科学名家"等称号。

醒　悟

——读孙效东教授《醒世箴言》感怀

（代序二）

矫健的步伐，
硬朗的身板；
逾八十的年庚，
三十青春的情怀。
老骥伏枥志千里，
夕阳一抹放异彩。
毕生的积累，
尽情抒发、倾泻，
昭示着更加美好的未来。
恒世哲理，
铿锵箴言；
人生的总结，
善美的实践——

醒人警世，
动地冲天；
穿越时空的词句，
永留芬芳的诗篇；
珠落玉盘，
百读不厌；
华夏梦想，
见证明天！

郝延海
2015 年 4 月

郝延海：山东省济宁市人。高级教师。执教中学语文三十余年。已退休。他曾被评为语文教学能手，并被聘为语文教学优质课、能手课评委。课堂板书设计荣获省语文教学研究会二等奖，论文《谈语文教学中读写兴趣的培养》荣获一等奖。他酷爱文学，尤爱诗歌；创作诗歌数百首，已结集成册。

目　录

第一章　杂言篇

政者，
正也。
一国之政，
万民之命。
若安天下，
必先正其身：
其身正[①]，
不令而行；
其身不正，
虽命不从。
以正治国，
未有不能正身而能正人者；
亦未有身正而影曲，
上治而下乱者。
公平正直，
乃治国之要道。

治国须务本，
本立而道生。
国以民为本，
民以食为天。
政无新旧，
以便民为本。
治国若植树，
本固而枝荣。

善为政者，
必以德治国。
为政以德，
譬如北辰，
居其所而众星共[2]之。
治国以大德，
不以小惠。
善为吏者树德，
不善为吏者树怨。
政教积德，
必致安泰之福；
举措屡失，
必致危亡之道；

政贵有恒，
犹忌蓄疑败谋，
怠忽荒政[3]。
所贵圣人[4]之治，
贵其能与众共治，
不贵其独治。

政通人和。
当政之初，
应以通下情，
除壅塞[5]，
为急务。
上之为政，
得下之情则治，
反之则乱。
天下治乱，
皆出于下情通塞。
理乱在上：
上之情达于下，
下之情达于上，
上下一体，
必致国泰。
反之，
上下之情壅而不通，

天下之弊由是而积，
国必危矣！

治国者，
必以法为重。
圣人能生法，
不能废法而治国。
奉法者强，
则国强；
奉法者弱，
则国弱。
古者，
以仁义行法律；
后世，
以法律行仁义。
立善法于天下者，
天下治；
立善法于一国者，
一国安。
君子[6]治国，
必正其纲纪，
治其法度。
治大国若烹小鲜[7]。
世有乱人，

而无乱法。
君明，
国之所以治；
君暗，
国之所以乱。
天下大乱，
无有安国；
一国皆乱，
无有安家；
一家尽乱，
无有安身。
道私则国乱，
乱则国危；
道法则国治，
治则国安。
人溺[8]，
援之以手；
国溺，
援之以道。
为政犹沐[9]，
虽有弃发，
必为之。
诚有过，
虽亲贵必罚；

诚有功，
虽疏贱必赏。
罚恶不赏善则怨，
赏善不罚恶则乱。
欲民之速服，
莫善乎以身御[10]之；
欲政之速行，
莫善乎以身先之。

财者，
为一国之命而万事之本。
用天下之力，
以生天下之财；
取天下之财，
以供天下之费。
地诚任，
不患无财；
人诚用，
不畏强敌。
合天下之众者——财，
理天下之财者——法，
守天下之法者——吏。
足天下之用，
莫先乎财；

系天下之安危，
莫先乎兵。
安民之术，
在于丰财；
丰财者务本而节用。
上者，
量民而有节用；
下者，
尽力而无耗弊。
足食足兵，
为治天下之具[11]。

兵者，
国之大事：
死生之地，
存亡之道，
不可不察。
定国之术，
在于足食强兵。
祸，
莫大于轻敌。
兵法，
贵在不战而屈人。
和为贵。

协和万邦，
亲仁善邻，
国之宝。

治国理政，
必先知民之所苦，
祸之所起，
然后设之以禁[12]。
为国者，
必以民为基，
民以衣食为本。
民者，
国之根，
诚宜重其食，
爱其命。
国之有民，
犹舟之有水，
停则安，
扰则危。
民不畏死，
奈何以死惧之！
力可以得天下，
不可以得匹夫匹妇之心。
得民心者，

得天下；
失民心者，
失天下。

思国之安者，
必积其德义。
权重而无基，
必生弊。
布令必行，
不知心术[13]不可；
驱众移民，
不知决塞不可。
求木之长者，
必先固其根本；
欲流之远者，
必先浚其源泉。
天下之患，
莫大于不知其然而然，
不知其然而然，
乃拱手而待乱。
诛一乡之奸，
则一乡之民悦；
诛一国之奸，
则一国之民悦。

召远在修近，
避乱在除怨。

仁存政举，
仁亡政息；
不以仁政，
不能平治天下。
忧以天下，
乐以天下；
先天下之忧而忧，
后天下之乐而乐。
居庙堂之高，
则忧其民；
处江湖之远，
则忧其君。
老吾老，
以及人之老；
幼吾幼，
以及人之幼。[14]
老有所终，
壮有所用，
幼有所长，
鳏寡孤独废疾者，
皆有所养。

求贤若饥渴，
从善如流水。
得十良马，
不如得一伯乐[15]；
得十良剑，
不如得一欧冶[16]；
得地千里，
不如得一圣人。

德薄者，
恶闻善行；
乱政者，
恶闻治言。
善不积，
不足以成美名；
恶不积，
不足以毁丑身。
为善不同，
统归于治；
为恶不同，
统归于乱。

廉吏可为者，

高且洁；
贪吏不可为者，
卑且污。
正邪不同，
无异黑白。
铁面无私，
明镜高悬，
包拯笑比黄河清[17]。
胸怀山河，
肝胆冰雪；
赤心报国，
刚正不阿；
杲杲清明，
万古不磨[18]！

修身絜行，
言必由绳墨。[19]
物格而后知至，
知至而后意诚，
意诚而后心正，
心正而后身修，
身修而后家齐，
家齐而后国治，
国治而后天下平。

居安思危；
思则有备，
有备无患。
知安不知危，
能逸不能劳，
乃生民之患耳[20]。
失国之君，
居安忘危，
处治忘乱，
无缘长治久安。

人固有一死，
为国死，
忠义之大，
虽死犹荣。
志士仁人：
无求生以害仁，
有杀身以成仁。
临难忘身，
见危致命。
铁可折，
玉可碎，
不论穷达生死，

直节贯殊途。[21]

凡行事，
有益于理者立之，
无益于理者废之。
道虽远，
不行不至；
事虽小，
不为不成。
兰生幽谷，
不因不赏而不芳；
舟在江海，
不因不乘而不浮。
针虽小，
入水则沉；
羽虽大，
入水则浮。
火则不点不生，
不扇不炽；
水则不决不流，
不积不深。
青，
取之于蓝而胜于蓝；
冰，

水为之而寒于水。
火形严，
故人鲜[22]灼；
水行懦，
故人多溺。
见虎之尾，
可知其大于狸；
睹象之牙，
可知其大于牛。
寒极，
不生寒而生暑；
暑极，
不生暑而生寒。
物极必反，
否[23]极泰来。

历览前贤国与家，
成由勤俭败由奢。
一粥一饭，
当思来处不易；
半丝半缕，
恒念物力维艰。
民生在勤，
勤则不匮。

俭，
德之宏；
侈，
恶之大。
国奢，
则示之以俭；
国俭，
则示之以教。
勤胜贫，
谨胜祸，
戒胜灾。
制俗以俭，
其弊为奢；
逸豫[24]亡身，
忧劳兴国。

说自己该说的话，
是智慧；
说自己不该说的话，
是糊涂。
做自己该做的事，
是聪明；
做自己不该做的事，
是愚蠢。

寒，
然后为衣；
饥，
然后为食。
成功，
乃优点之积；
失败，
乃缺点之累。
泰山不择土石，
故能成其高；
江海不择细流，
故能就其深。
不积跬步，
无以至千里；
不汇细流，
无以成江海。
千仓万囤，
非一耕所得；
参天大木，
非一日所长。
主不厌人，
故能得其众；
士不厌学，
故能成其圣。

致一国之治者，
在人才；
成一国之才者，
在教育。
千教万教教人学真，
千学万学学做真人。
学，
然后知不足；
知不足，
然后知困。
少而好学，
如日出之阳；
壮而好学，
如日中之光；
老而好学，
如秉烛之明。
业精于勤，
荒于嬉；
行成于思，
毁于随。
博学，
学富五车；
多才，

才储八斗[25]。
读书志在报国，
非图名利；
当官心系百姓，
岂计身家。

见贤思齐，
见不贤而内省。
重资财，
薄父母，
不成人子；
信邪教，
戕[26]骨肉，
遗患无穷。
人有祸患，
不可生喜幸心；
人有喜庆，
不可生妒嫉心。
筑塔七层，
不如暗处一灯；
众星朗照，
不如孤月独明；
救人一命，
胜造七级浮屠[27]。

见穷苦弱残，
须加温恤；
与肩挑贸易，
勿占便易。
遇贫穷而作骄态者，
贱莫甚；
见富贵而生谗容者，
最可耻！
施惠勿念，
受恩莫忘。
不宝金玉，
忠信以为宝；
不忠不信，
无以处世立身。
处世戒多言，
言多必失；
居家戒争讼㉘，
讼则终凶。

人海阔，
无日不风波；
世情薄，
人情恶，
雨送黄昏花自落。

苟以富，
不如贫以誉；
生以辱，
不如死以荣。
君子爱财，
取之有道；
苟非吾之所有，
虽一毫而莫取。
多私者不义，
扬言者寡信；
贵人而贱己，
先人而后己。
君子坦荡荡，
小人长戚戚。

人皆知，
以食治饥；
而不知，
以学治愚。
学以明理，
文以抒志。
思以通其学，
气以达其文。
欲知古今事，

须读五车书[29]。
化当世，
莫若口；
传后世，
莫若书。

人，
天地之所贵者；
义，
圣人之所宝者；
学问，
明智之所求。
学问有大小，
能者为尊。
师严，
然后道尊；
道尊，
然后敬学。
学如逆水行舟，
不进则退；
心似平原走马，
易放难收。
增智慧，
多读好书；

养精神，
少管闲事。
子孙虽愚，
良书不可不读；
炎黄虽远，
祭祀不可不诚。
读书之法，
莫贵于循环而精致。
人一能之己十之，
人十能之己百之；
果行其道，
虽愚必明，
虽弱必强，
虽柔必刚。
发愤忘食，
乐以忘忧，
不知老之将至。

君子成人之美，
不成人之恶。
激浊扬清，
嫉恶好善。
见善若饥渴，
嫉恶如寇雠[30]。

闻善，
立以为己师；
闻恶，
若以为己仇。
见人有善，
如己有善；
见人有过，
如己有过。
善恶之殊，
犹水火不能相容。
凡为善者，
不自誉而人誉之；
凡为恶者，
不自毁而人毁之。
与善人居，
如入兰芷之室，
久而不闻其香；
与恶人居，
如入鲍鱼之肆，
久而不闻其臭。

特立而独行，
道方而事实，
卷舒不随乎时，

文武惟乎所用[31]，
俭约之志，
始终不渝。
守正之心，
嫉恶不惧；
仁义之道，
守之不失。
失节登高位，
爵禄反为耻。
泰山崩于前，
而色不变；
麋鹿兴于左，
而目不瞬。
伊是个蒸不熟，
煮不烂，
锤不扁，
炒不爆，
响当当一粒铜豌豆。
贵者虽自贵，
视之如尘埃；
贱者虽自贱，
重之若千钧。
在上不骄，
在下不谄。

守道而忘势，
行义而忘利，
修德而忘名。

岁寒，
然后知松柏之后凋。
君子固穷，
小人穷斯滥矣[32]。
君子修道立德，
不为困而改节。
富贵不能淫，
贫贱不能移，
威武不能屈。
商贾比财，
烈士比义。
咬定青山不放松，
扎根原在破岩中；
千磨万击还坚劲，
任尔东西南北风。

日省其身，
有则改之，
无则加勉。
天将降大任于是人也，

必先苦其心志，
劳其筋骨，
饿其体肤，
空乏其身，
行拂乱其所为[33]。
告我以吾过者，
吾之师。
见利争让，
闻义争为，
有不善争改。

知之者，
不如好之者；
好之者，
不如乐之者。
日闻所未闻，
日见所未见。
日异其能，
岁增其智。
闻道有先后，
术业有专攻。
人之患，
好为人师。
心不在焉，

视而不见，
听而不闻，
食而不知其味。
行百里者，
半九十。
饱食，
暖衣，
逸居而无教，
则近乎禽兽。

巧诈，
不如拙诚；
至诚，
金石为开。
只教马儿跑，
又教马儿不吃草。
此地无银三百两，
隔墙阿二不曾偷。
男儿有泪不轻弹，
只因未到伤心处。
面苍然，
鬓苍然，
满腹诗书不值钱；
名利竭，

是非绝，
红尘[34]不向门前惹。
远富近贫，
以礼相交天下少；
疏亲慢友，
因财绝义世间多。
看破世界惊破胆，
参透人情冷透心。

注释

①正：指正派，见《论语·子路》，孔子语。

②共（gǒng 拱）：环绕之意，通“拱”。

③恒：长久不变。蓄：积。疑：猜疑。怠忽：怠惰疏忽。荒政：荒乱政局。

④圣人：旧指道德智慧极高的人，如孔子被称为“孔圣人”。

⑤壅塞：堵塞不通。

⑥君子：西周、春秋时代对贵族的通称，后指有道德修养的人。反之，称“小人”。

⑦烹：煎。鲜：鱼。见《老子》第六十章。

⑧溺（nì 腻）：淹没在水中。

⑨沐：洗头。

⑩御：治理。

⑪足食：粮食富足。足兵：兵力雄厚。具：重大

措施。

⑫禁：指禁令。

⑬心术：春秋初期，管子（夷吾，字仲）以实、诚、厚、施、度、恕（即忠实、诚恳、宽厚、施舍、度量、容让）为“心术”。

⑭老吾老：指孝敬自己的父母。及：推及。幼吾幼：指抚养自己的子女。

⑮伯乐：古代善于相马的人。

⑯欧冶：古代善于铸剑的人。

⑰本句形容包拯为人正直，严肃刚毅，不苟言笑，有人戏言他的笑跟黄河浊水变清一样难得。

⑱杲（gǎo 搞）：明亮。不磨：不磨灭。

⑲修身：指提高自己的品德修养。絜（jié 洁）：衡量，检查。行：行为。绳墨：准则。

⑳耳：古汉语语气词，表示“罢了”的意思。

㉑穷达：失意和得志。直节：正直不阿的气节。贯：贯彻。殊途：不同的道路。

㉒鲜（xiǎn 险）：少。如，鲜见，屡见不鲜。

㉓否（pǐ 皮）：坏。

㉔逸豫：安乐。

㉕才储八斗：南朝宋诗人谢灵运，称赞曹子建（植）说：“天下才共一石，子建独得八斗。”意谓子建极富才华。

㉖戕（qiāng 腔）：杀害。

㉗浮屠:亦称“浮图”,即佛塔。

㉘争讼:因争执而引起的诉讼官司。

㉙五车书:古诗云:“要通古今事,须读五车书。”见清代程允升《幼学琼林·文事》。

㉚雠(chóu 愁):“仇”的异体字。

㉛特立而独行:超然立于人群而不同流俗。道方:道义正直。事实:做事实在。卷舒:比喻退和进。时:时俗。文武唯其所用:文武之才都用在应该用的地方。

㉜固穷:固守其穷,不因穷困而改节。斯:就。滥:胡作非为。

㉝大任:重大使命。是:这。空乏其身:使身体受困乏。拂乱:扰乱。

㉞红尘:指人世间。

第二章　三言篇

天不言，四时行；
地不语，百物生。
三才者，天地人；
三光者，日月星。
曰南北，曰西东，
此四方，应乎中。
曰春夏，曰秋冬，
此四时，运不穷。
曰水火，木金土，
此五行，本乎数。
曰仁义，礼智信，
此五常，不容紊。
稻粱菽，麦黍稷，
此六谷，人所食①。
马牛羊，鸡犬豕，
此六畜，人所饲。

曰喜怒，曰哀惧，
爱恶欲，七情俱。
匏土革，木石金，
丝与竹，乃八音。
高曾祖，父而身，
身而子，子而孙，
自子孙，至元曾，
乃九族，人之伦。
尧时天，舜时地，
人造物，物兴替。
唯德性，唯才艺，
效方家，当自励。
满招损，谦受益，
求大同，存小异。
凡众生，皆须爱，
天同覆，地同载。
爱人者，人恒爱，
远者悦，近者来。
若要好，大敬小；
丁是丁，卯是卯[②]。
兴不兴，看后丁；
穷则变，变则通。
眼贵明，耳贵聪，
品贵端，心贵公。

存好心，做好人，
德不孤，必有邻[③]。
贤者规，圣者训；
泛爱众，而亲仁。
美不美，家乡水；
亲不亲，故乡人。
手足勤，能脱贫；
长节俭，聚宝盆。
草怕霜，霜怕光；
绣花美，不闻香。
远了香，近了殃；
当家人，恶水缸。
一分热，一分光；
人争气，神争香。
举一纲，众目张；
穷灶门，富水缸。
兄道友，弟道恭，
兄弟睦，孝在中。
父母责，须顺承；
父母教，须敬听。
父母唤，应勿缓；
父母命，行勿懒。
出必告，返必面；
居有常，业无变。

身有伤，贻亲忧；
德有伤，贻亲羞。
亲爱我，孝不难；
亲恶我，孝方贤。
亲有过，谏使更；
怡我色，柔我声。
亲有疾，药先尝；
昼夜侍，不离床。
丧尽礼，祭尽诚；
事死者，如事生。
孝公婆，亲爹娘；
为子女，做榜样。
称尊长，勿呼名；
尊长前，勿逞能。
或饮食，或坐走；
长者先，幼者后。
长者立，幼勿坐；
长者坐，命乃坐。
尊长前，声要低；
低不闻，却非宜。
立壮志，树雄心；
上报国，下泽民。
幼而学，壮而行；
才须学，学须静。

养不教，父母过；
教不严，师之惰。
苟不教，性乃迁；
教之道，贵以专。
读书法，有三到：
心眼口，信皆要。
心有疑，随札记；
逢贤问，求确义。
子不学，非所宜；
幼不学，老何为？
昔孟母，择邻处，
子不学，断机杼④。
玉不琢，不成器；
人不学，不知义。
犬守夜，鸡司晨；
苟不学，何为人？
蚕吐丝，蜂酿蜜；
人不学，不如物。
活到老，学到老；
学到老，学不了。
扬名声，显父母；
光于前，裕于后。
人生世，贵有志；
无理想，空在世。

德高者，品自高；
人所重，非美貌。
才大者，非自夸；
人所服，非言大。
风不吹，草不动；
日有思，夜有梦。
坐如钟，站如松；
行仁义，万事通。
服人劝，吃饱饭；
不怕慢，只怕站。
树欲静，风不止；
祸难料，福易知。
诗言志，歌咏言；
言者易，行者难。
读史者，考实录；
通古今，若亲目。
人写史，史载人；
千年后，犹可寻。
贫可富，乱可治；
千秋业，歌盛世。
水克火，火克金；
日日新，又日新。
风里言，雨里语；
言无根，事无据。

凡取与，贵分晓；
与宜多，取宜少。
山上松，墙头草；
做好人，莫取巧。
雷声大，雨点小；
大改小，用不了。
话说多，不如少；
唯其是，勿佞巧。
能亲仁，无限好；
德日进，过日少。
大敬小，好上好；
大欺小，长不了。
听其言，观其行；
敬人者，人恒敬。
放长线，钓大鱼；
损有余，益不足。
一而再，再而三；
一招鲜，吃遍天。
人要脸，树要皮，
山难改，性难移。
宁走远，不走险；
不怕官，只怕管。
言语忍，忿自泯；
财物清，怨不生。

退则宽，让则兴；
悟则明，谦则恭。
狡兔死，走狗烹；
纲纪废，祸乱生。
心不平，勿伐征；
将在谋，兵在精。
前车覆，后车鉴；
公生明，偏生暗。
新浴者，必振衣；
新沐者，必弹冠。
吃亏先，求平安；
想吃饭，多出汗。
远是非，不落怨；
耳不闻，心不乱。
势服人，心不然；
理服人，方无言。
说大话，使小钱；
骗好人，上贼船。
凡出言，信为先；
借人物，及时还。
道人善，即是善；
人知之，愈思勉。
扬人恶，即是恶；
嫉之甚，祸且作。

不迁怒，不贰过[⑤]；
不虚美，不隐恶。
人有短，且莫揭；
人有私，切莫说。
彼说长，此说短；
不关己，莫闲管。
无心非，名为错；
有心非，名为恶。
过能改，归于无；
倘掩饰，增一辜[⑥]。
身贵端，德贵先；
善待人，慈而宽。
德高者，位尊大；
诚仿效，甘自下。
衣贵洁，不贵华；
上循分，下称家。
年方少，勿饮酒；
饮酒醉，最为丑。
斗闹场，宜勿近；
邪僻事，宜勿问。
用人物，须明求；
倘不问，即为偷。
恩欲报，怨欲忘；
报怨短，报恩长。

人一走，茶就凉；
难同当，福同享。
未见真，勿轻言；
知未确，勿轻传。
人不闲，勿事搅；
人不安，勿话扰。
善相劝，德皆建；
过不规，道义亏。
果仁者，人敬畏，
言不讳，色不媚。
不守仁，无限害，
近小人，百事坏。
一分利，一分害；
事不成，仁义在。
当面鼓，对面锣；
言必信，行必果。
见人善，即思齐，
争上进，以渐跻⑦。
见人恶，即内省，
有则改，无则警。
耳司闻，目司见，
广积德，多行善。
吃一堑，长一智；
既来之，则安之。

己有能，莫自私；
人有能，勿轻訾[8]。
博学之，审问之，
慎思之，笃行之。
此一时，彼一时；
治易乱，时易失。
三人行，有我师，
择其善，而从之。
精于勤，成于思，
立于礼，兴于诗。
刻薄语，污秽词，
市侩气，宜戒之。
米千粒，酒一滴，
蚕千条，绢一尺。
攻胜易，守胜难；
覆巢下，无完卵。
论事易，做事难；
做事易，成事难。
挂羊头，卖狗肉；
高不成，低不就。
名不正，言不顺；
言不顺，事不成。
入虚室，如有人；
执虚器，如执盈。

牛可耕，马可乘；
衣服破，犹可缝。
敝则新，空则盈；
守其辱，知其荣。
事不摆，理不平；
有志者，事竟成。
宽转弯，勿触棱；
立端正，步从容。
传伪方，买假药；
害死人，人不觉。
顺水船，防暗礁；
走平路，防跌跤。
长得美，人称俏；
打扮俏，惹人笑。
恼一恼，老一老；
笑一笑，少一少。
井要淘，人要教；
德不修，人害臊。
事非宜，勿轻诺；
苟轻诺，进退错。
国之民，政之本；
上有好，下必甚。
上求材，臣残木；
上求鱼，臣干谷[⑨]。

品节高，德不孤；
士可杀，不可辱。
货不好，客不来；
人不学，不成材。
闻誉恐，闻过欣[10]；
道吾非，应相亲。
勿谄富，勿骄贫；
勿厌故，勿喜新。
船不摇，水不深；
鸟靠翅，人靠心。
树浇根，人交心；
当面说，即是亲。
耐得富，守得贫；
不怨天，不尤人。
人恋乡，鸟恋林；
人敬富，犬吠贫。
胜不骄，败不馁；
释然悟，翻然悔。
远怕水，近怕鬼；
穷怕客，富怕贼。
称诗星，赞李杜[11]；
曲有误，周郎顾[12]。
迎清风，对朗月。
世炎凉，人情薄。

蜂蜜口，苦瓜心；
外君子，内小人。
拨乱世，反诸正；
国安泰，民心定。
吞钓饵，不顾命，
爬得高，摔得重。
若望远，必自近；
看书画，观神韵。
赌博场，迷魂阵；
红灯区，切勿进。
墙有缝，壁有眼；
琐碎事，莫闲管。
人心齐，泰山移；
积小步，成千里。
驾轻车，就熟路；
小不忍，乱大谋。
冤有头，债有主；
人有痛，先呼母。
端人碗，服人管；
吃人酒，哑了口。
罪生甲，祸及乙；
怨无小，德无细。
要吃饭，凭义讨；
不义财，切莫找。

天害人，无处跑；
人害人，害不倒。
穷可富，乱可治；
人挪活，树挪死。
文不文，武不武，
无皮混，终生苦。
饶一着，退一步；
忍一句，息一怒。
若要富，多栽树；
桥归桥，路归路。
炫其功，隐其过，
因小利，惹大祸。
不贪色，不爱财；
一生安，无灾害。
家常饭，粗布衣，
讲传统，老夫妻。
忍为高，和为贵，
少闲言，免是非。
近朱赤，近墨黑；
人虽贱，勿论堆。
正气壮，邪气衰；
淫近杀，赌近贼。
听其言，观其行；
事有主，言有宗。

一招精，百招通；
国运兴，民运亨。
树有墩，官有根；
求学问，须用心。
秤砣小，压千斤；
否则革，可则因[13]。
思未来，想往事；
慎起居，节饮食。
实未至，声先驰；
纸墨寿，胜金石。
笑一笑，十年少；
愁一愁，白了头。
雁留声，树留影；
将在谋，不在勇。
酒乱性，色迷人；
楚三户，可亡秦[14]。
奔盛世，小康成；
求复兴，中国梦。
罪当罚，功当赏；
唯人心，最难防。
邪教生，民之害，
亲者痛，仇者快。
庆父死[15]，国安泰，
灭暴恐，除民害。

吸毒品，最无益；

戒之哉，以勉力。

注释

①食（sì 四）：通“饲”，此处意为人所吃的食物。

②丁、卯：二字分别属于“天干”和“地支”的第四位。如“甲、乙、丙、丁……”和“子、丑、寅、卯……”。意为“丁”和“卯”均定位在第四，从不错位。

③本句意为：有德的人不会孤独，一定会有人跟他做伴。

④昔日孟子（名轲），幼丧父，其母为了给他寻求好的学习环境，曾三次迁居。后世将“孟母三迁”传为佳话。又，孟母以织布为业，因其子学“偶倦而返”，母怒而引刀自断织机，后子感悟，受业于孔伋（字思，孔子孙）之门，终学有成。

⑤迁怒：本来生甲的气，却把怒气发泄在乙的身上。贰过：指再犯同样的错误。

⑥辜（gū 谷）：罪过。

⑦跻（jī 吉）：看到别人办好事，就要向他看齐，即使和他相差很远，经过努力，也会逐步赶上去的。

⑧訾（zǐ 子）：说别人坏话，诋毁。

⑨上：旧指君主，今为当权者或上级。材：指木料。臣，旧指臣下，今意为下级。残木：毁坏树木。干谷：放干山谷里的水。

⑩恐：害怕。欣：高兴。听到别人对自己的称赞就害怕，听到别人批评自己的过错就感到高兴。

⑪李杜：指唐代诗仙李白和诗圣杜甫。

⑫曲：乐曲。周郎：指三国时吴国的周瑜，精于音律。

⑬否（pǐ 痞）：坏，恶，如臧否、否极泰来。因：因袭，继承以前的方法和制度等而不加革新。

⑭楚三户，可亡秦："楚虽三户，亡秦必楚。"出自《史记·项羽本纪》，意为楚国即使只剩下三户，也能下决心打败秦国。

⑮庆父：春秋时期鲁国贵族，惯于制造内乱，有夺权野心。后世人常把制造内乱的人比为"庆父"，"庆父不死，鲁难未已"的成语即由此而来。

第三章　四言篇

大道之行，天下为公；
神州圆梦，华夏振兴。
事在四方，要在中央；
仁人执要，四方来效。
天下有道，庶民不议[①]；
画地为牢，削木为吏[②]。
民为邦本，本固邦宁；
河清海晏，百年承平。
上医医国，下医医人；
权不两措，政出一门。
天下大事，必作于细；
以古为镜，可知兴替。
兼听则明，偏信则暗；
主欲知过，必借忠谏。
定国之术，在于强兵；
赳赳武夫，国之干城[③]。

安国之术，在于民丰；
武定祸乱，文治太平。
治国长富，乱国长贫；
修身以道，修道以仁。
乱不可积，仁不可失；
仁存政举，仁亡政息。
威施天下，仁行如春；
周公吐哺，天下归心[4]。
仁人志士，美言善行；
举仕任人，唯贤唯能。
法立于上，教弘于下；
将兵治民，宽简有法。
法施于民，虽小必慎；
宽则得众，信则人任。
有法不行，与无法同；
拨乱反正，共享太平。
有法必依，违法必究；
有法必守，有弊必纠。
执法贵严，责人贵宽；
乱则国危，治则国安。
积是为治，积非为怨；
孤根易危，众怒难犯。
慎乃出令，令出必行；
赏罚必信，无恶不惩。

司法守正，巍如秋山；
金城汤池，长治久安。
从谏如流，嫉恶如仇；
水能载舟，亦能覆舟。
天无二日，国无二主；
苟利于国，不必法古。
忠臣良将，国之祯祥；
得民者昌，失民者亡。
泰山北斗，良玉精金；
以死报国，以义灭身。
豹死留皮，人死留名；
为国捐躯，虽死犹荣。
乐以天下，忧以天下；
公而忘私，国而忘家。
山不厌高，水不厌深；
生为人民，死为人民。
聆音察理，鉴貌辨色；
天下兴亡，匹夫有责。
一入龙门，声价十倍；
苟利国家，何求富贵！
不怕事多，就怕多事；
足食足兵，天下大治。
走路防跌，吃饭防噎。
贪官污吏，国之妖孽。

爵禄攀高，黄泉路近；
十年生聚，十年教训。
祸因恶积，福缘善庆；
顺天应人，汤武革命[5]。
大千世界，天覆地载；
互助互济，同舟共爱。
冰炭不言，冷热自明；
善恶相从，如影随形。
积善得昌，积恶得殃；
顺天者昌，逆天者亡。
善欲人见，不是真善；
恶恐人知，便是大恶。
改恶从善，一刀两断；
当断不断，反受其乱。
善有善报，恶有恶报；
不是不报，时辰不到。
真义入神，真仁得众；
积善人家，必有余庆。
德无常师，主善为师；
酒要少吃，事要多知。
基础不牢，地动山摇；
扶危济困，能者多劳。
积善多福，积恶毁身；
为善得善，为恶难逃，

激浊扬清，嫉恶扬善；
不苟富贵，不徒贫贱。
与善人交，久而敬之。
讨钱卖乖，面善心恶；
好名难得，恶名难脱。
一人传虚，百人传实。
人之将死，其言也善。
一毫之恶，劝人莫作；
一毫之善，与人方便。
善者不辩，辩者不善。
从善如登，从恶如崩；
不畏义死，不苟幸生。
以近知远，以一知万。
韩信将兵，多多益善。[6]
处上不骄，处下不谄。
物离乡贵，人离乡贱。
与己方便，与人方便。
一贫一贱，交情乃见。
人各有志，志各随愿；
前车之覆，不可不鉴。
数米而炊，称薪而爨；
劝农节用，移丰补歉。
云龙井蛙，势不相见。
冰怕落炭，人怕落难。

书读百遍，其义自见；
学而不厌，诲人不倦。
搭伙求财，甘心情愿；
有盐同咸，无盐同淡。
君子交绝，不言恶声。
物有本末，事有始终。
万事俱备，只欠东风。
疑行无成，疑事无功。
守分安命，趋吉避凶。
嘤其鸣兮，求其友声[⑦]。
死而为灵，生而为英。
推心置腹，开诚布公。
金玉其外，败絮其中。
不务天时，五谷不丰。
一犬吠形，百犬吠声；
风声鹤唳，草木皆兵[⑧]。
以虫鸣秋，以风鸣冬。
知名当世，所到有声；
一路福星，万象吉生。
得仁者兴，失仁者崩；
望梅止渴，赖佛逃生；
花言巧语，拨火挑灯。
河窄水急，人急计生；
项庄舞剑，意在沛公[⑨]。

辞高为奇，意深为工；
文贵典雅，诗贵清空。
学贵心悟，墨守无功；
文似春华，思若泉涌。
不鸣则已，一鸣惊人。
视而不见，听而不闻。
己所不欲，勿施于人；
道行千家，德施万民。
十年树木，百年树人。
先到为君，后到为臣。
往来交际，取善辅仁；
金无足赤，人无完人。
一富一贫，知交见仁。
不学无术，孤陋寡闻。
青山不老，绿水长存。
书画有方，其妙在人。
劳于读书，逸于作文；
文主理道，诗主风神。
丈山尺树，丈马分人；
白玉不雕，美珠不纹。
来如风雨，去如微尘。
诲言谆谆，昔日贤文。
寒来暑往，秋收冬藏；
春安夏泰，秋吉冬祥。

尺有所短，寸有所长。
免人怨恨，莫过温良。
人穷志短，马瘦毛长。
前人栽树，后人乘凉。
前门拒虎，后门进狼。
人为财死，鸟为食亡。
动心忍性，荡气回肠；
人情冷暖，世态炎凉。
知过必改，得能莫忘；
促膝谈心，共话衷肠。
孩不离娘，画不离墙。
诗称李杜[10]，字仰钟王。
柔能克刚，弱能胜强；
得时者昌，失时者亡。
前事可凭，后事难量。
神惊鬼泣，遏云绕梁。
节俭者昌，淫逸者亡。
热带衣裳，饱带干粮。
海咸河淡，鳞潜羽翔。
罔谈彼短，靡视已长。
偷天换日，奸巧乖常；
坏事做绝，丧尽天良。
黄钟毁弃，瓦缶雷鸣。
伤时感事，触景生情；

欲知平直，规矩准绳。
萤可自照，雁不孤行。
讳疾忌医，掩耳盗铃。
颓废自甘，家道难成。
两豆塞耳，不闻雷霆。
防意如城，守口如瓶。
杀人可恕，情理难容。
谷贵损商，谷贱伤农。
但行好事，莫问前程；
大德大望，福寿康宁。
车如流水，马如游龙；
兵马不动，粮草先行。
好诗有情，天籁自鸣；
听歌听声，唱歌唱情。
众口难辩，孤掌难鸣。
富贵不归，锦衣夜行。
意不并锐，事不两隆。
仇人相见，分外眼红。
不务地利，仓廪不盈；
一损俱损，一荣俱荣。
山中路险，人心不平。
不塞不流，不止不行。
含蓄隽永，余味无穷。
龙门点额，雁塔留名[11]。

冬月邀客，敲冰煮茗。
金石有声，不击不鸣。
物华天宝，人杰地灵；
和氏之璧，价值连城[12]。
野蛮骄横，仗势逞雄；
或遭奇祸，或遇灾情。
高士冷笑，俗人眼红。
福可双至，祸不单行。
云腾致雨，露结为霜。
眼观六路，耳听八方。
有容乃大，无欲则刚。
过目成诵，出口成章。
椿萱并茂，兰桂腾芳。[13]
清清之水，为土所防；
济济之士，为酒所伤。
知柔知刚，知微知彰；
嬉笑怒骂，皆成文章。
一言兴邦，一言伤邦。
有福同享，有难同当。
手中有粮，心中不慌；
文能治国，武能安邦。
乱极必治，暗极生光。
说长道短，惹祸遭殃。
谋事在人，成事在天。

绳锯木断，水滴石穿。
开门见山，拨云见天；
积土成山，积水成渊。
杀敌一万，自损三千。
老当益壮，穷且益坚。
一人升官，鸡犬升天；
无功受禄，寝食不安。
本无所能，狂语掀天；
愚不可及，出丑难堪。
赏由景召，兴由情迁。
管中窥豹，坐井观天。
游手好闲，等吃坐穿；
上有好者，下必甚焉。
防民之口，甚于防川。
隐居不仕，谢职求安。
选义就部，考辞就班。
以小招大，引玉抛砖。
千经万典，忠孝为先。
知足常乐，能忍自安。
良师益友，点石成金。
知己知彼，将心比心。
人生一世，草生一春。
四体不勤，五谷不分。
人怕伤心，树怕伤根。

狐朋狗友，败家伤身。
昆冈产玉，丽水生金。
扬汤止沸，去火抽薪。
物以类聚，人以群分。
灵丹一粒，妙手回春。
小时偷针，长大偷金；
使心用心，反害己身。
惜时好学，笃志虚心；
丈夫之志，能屈能伸。
不贵尺璧，只贵寸阴；
曾三颜四，禹寸陶分[14]。
众志成城，众口铄金。
感恩不忘，刻骨铭心。
闹市求财，静处修身；
饱食终日，无所用心。
多沽伤金，多饮伤身。
赦其旧过，开其图新。
青山长在，绿水长流；
以德报怨，以义解仇。
锲而不舍，金石可镂。
人穷不语，水平不流。
剥泥燕口，削铁针头。
圣贤薄命，奸佞称侯。
男贵刚强，女贵温柔；

不著一字，尽得风流。
开山铸钱，煮海为盐；
奢会折富，俭可养廉。
金以刚折，水以柔全；
覆巢之下，岂有完卵！
一日夫妻，百世姻缘。
望移玉趾，借重鼎言。
一树之果，有酸有甜；
一母子女，有愚有贤。
纪事提要，纂言钩玄。
广读诗书，多学圣贤；
善为事者，防患未然。
忠不避危，爱无恶言；
文人相轻，自古皆然。
宁为玉碎，不为瓦全。
冰生于水，而寒于水；
青出于蓝，而胜于蓝。
告状讨钱，水里捞盐；
杀人偿命，欠债还钱。
人闲变懒，贪吃变馋。
辅车相依，唇亡齿寒。
不厚其栋，无以负重；
养备待时，天下不病。
人欲自照，必借明镜；

源洁流清，形端影正。
一贫如洗，釜若悬磬。
剖腹藏金，惜财丢命。
朗朗明月，清如明镜；
正不容邪，邪复妒正。
大德之人，必得其寿；
慎终追远，民德归厚。
左思右想，瞻前顾后；
长于左者，必短于右。
内藏精明，外示敦厚；
苟非其人，虽亲不授。
种瓜得瓜，种豆得豆；
法网恢恢，疏而不漏。
螳螂捕蝉，黄雀在后[15]。
闲事莫管，无事早归。
怒盛如雷，气泄如灰。
乐不可极，乐极生悲。
唯义是追，视死如归；
一言既出，驷马难追。
日中则移，月满则亏。
为富不仁，耀武扬威。
困兽犹斗，穷寇勿追。
避其精锐，击其惰归。
凿石索玉，剖蚌求珠。

见义勇为，不避祸福。
凡将举事，令必先出。
大难不死，必有后福。
力大欺人，财大气粗。
落井下石，挟嫌报复。
欺人是祸，饶人是福。
他人碌碌，不涉你足。
病从口入，祸从口出；
塞翁失马，安知非福[16]。
暗箭伤人，其深入骨。
不宣而战，不教而诛。
福近易知，祸远难料。
至仁为德，至善为道。
文不师古，匠心独妙。
公平正直，处世之道。
末大必折，尾大不掉。
君子爱财，取之有道。
一斧两砍，一箭双雕。
文武之道，一张一弛。
不入虎穴，焉得虎子？
盛世黎民，太平天子。
狡兔三窟，免于一死。
山河不殊，风景有异。
守道忘势，行义忘利。

听其是非，观其难易；
攻其无备，出其不意。
行方走圆，胆大心细；
所为得意，扬眉吐气。
包藏祸心，窥视神器；
天怒人怨，人神共弃。
刚极必折，柔极必废。
鹬蚌相争，渔翁得利⑰。
濯却旧见，注以新意；
创业艰难，守业不易。
以管窥天，以锥量地。
爱屋及乌，投鼠忌器⑱。
一波未平，一波又起。
屈志老诚，急则可依。
水无常形，兵无常势。
蛟龙离水，匹夫可制。
薄于当今，荣于后世。
央人亲行，托人言事。
不经一事，不长一智。
道私者乱，道法者治。
讲得一事，行得一事；
推陈出新，饶有别致。
争名于时，争利于市。
泰然处之，行若无事。

高山仰止，景行行止。
仁者见仁，智者见智。
欲加之罪，何患无辞；
玩人伤德，玩物伤志。
老子兴家，千辛万苦；
儿子享乐，正业不务。
告官打虎，辞别宗祖。
巧匠施工，不露斤斧。
胸有大志，腹有良谋。
多金善贾，长袖善舞。
欲知方圆，则必规矩。
德如春风，惠如细雨。
得道多助，失道寡助。
流水不腐，户枢不蠹。
重九登高，端阳竞渡。
路不拾遗，夜不闭户。
百尺竿头，更进一步。
一日之师，终生为父。
路见不平，拔刀相助。
衣不如新，人不如故。
他山之石，可以攻玉。
城门失火，殃及池鱼；
人弃我取，人取我与。
比上不足，比下有余。

外浊内清，弊衣裹玉；
拒者不来，来者不拒。
精诚所至，金石为开；
眉头一皱，计上心来。
储蓄节用，以备凶灾。
物极必反，否极泰来。
舍命求财，财为祸胎。
年年防饥，夜夜防贼。
天马行空，独往独来；
一夫当关，万夫莫开。
用人之术，应尽其才。
瓮中捉鳖，手到擒来。
能忍且忍，得耐且耐；
不忍不耐，好事办坏。
虚假常败，诚信常在。
奸邪犯事，严惩不贷。
蠹众木折，隙大墙坏。
言者无罪，闻者足戒。
前事不忘，后事之师；
不学不会，不问不知。
发号施令，云行雨施；
将欲取之，必先与之。
博学笃志，切问近思；
官无常贵，人无常师。

昔日用之，今日弃之；
今日所弃，后或用之。
老者安之，少者怀之。
三人同行，必有我师。
以人为镜，可知得失。
小事必察，吹毛求疵。
大厦千间，夜眠八尺。
智者千虑，必有一失。
堆出于岸，水必湍之；
行高于人，人必非之。
对症下药，量体裁衣。
鞠躬尽瘁，死而后已[19]。
当面教子，枕边教妻；
养儿防老，积谷防饥。
日月光华，旦复旦兮[20]；
百年光阴，如驹过隙。
因此失彼，因甲失乙。
百千万亿，皆起于一。
天下攘攘，皆为利益。
心口如一，童叟无欺；
用人之道，要在不疑。
将兵治民，无所不宜。
许人一物，千金难移。
食不甘味，坐不安席。

桃李不言，下自成蹊。
智能决谋，以疾为奇。
图匮于丰，防险于夷；
旁观者清，当局者迷。
江山易改，本性难移。
人有失手，马有失蹄。
受宠不惊，闻过则喜；
性静情逸，心动神疲。
差之毫厘，谬以千里；
事不关己，高高挂起。
该热不热，五谷不结；
该冷不冷，人受灾性。
君子安贫，达人知命；
随事酬劳，量材录用。
丰财安民，务本节用；
知而不行，世人通病。
一毛不拔，爱财如命；
两腿一蹬，干干净净。
多示善意，不出恶声；
举止消停，言词庄重。
老而好学，穷不忘道；
教化重地，赖于学校。
学而必习，习而必行；
少而不学，长大无能。

不能则学，不懂则问；
知无不言，言无不尽。
敏而好学，不耻下问；
梦笔生花，学业精进。
衣不贵华，食不厌蔬；
少管琐事，莫忘读书。
静以养性，俭以养廉；
积财千万，不如一贤。
与人为美，成人之美；
治不忘乱，居安思危。
福至心灵，祸至心晦；
仁者乐山，智者乐水。
上下不和，虽安必危；
恐惧过甚，畏首畏尾。
人心似铁，官法如炉；
始作俑者，岂无后乎！
放下屠刀，立地成佛；
忘恩负义，禽兽不如。
人无远虑，必有近忧。
太公垂钓，愿者上钩。
遂事不谏，既往不咎。
人穷无虑，富贵多忧。
谎话莫说，覆水难收。
发愤忘食，乐以忘忧。

勿营华屋，勿作淫巧[21]。
大事化小，小事化了。
家有二老，胜似二宝；
凡事要好，须问三老[22]。
光阴似箭，日月如梭。
居有长安，然后求乐。
因风吹火，用力不多。
三十六计，走为上策。
官有公法，民有私约。
十羊九牧，民少官多。
以俗传俗，以讹传讹。
生逢其时，死得其所。
以珠弹雀，得少失多。
合抱之木，生于毫末。
积少成多，积水成河。
积是为治，积非为虐。
浮生若梦，对酒当歌。
千里之堤，溃于蚁穴。
生于忧患，死于安乐。
功标青史，名垂竹帛。
失国之君，居安忘危。
狎昵恶少，必受其累。
受人之托，忠人之信。
积善务多，除恶务尽。

吃人酒饭，为人担担。

士别三日，刮目相看。

落井下石，过河拆桥；

推波助拦，纵火止燎。

风不可系，影不可捉。

人有离合，月有圆缺。

磨牙吮血，杀人如麻。

甘井早竭，直树早伐。

火心要虚，人心要实。

养兵千日，用兵一时。

信誓旦旦，不思其返；

迷途知返，得道未远。

心怕用错，路怕走错。

愚者多财，反益其过。

马有失蹄，人有过错。

人非圣贤，谁能无过？

珠联璧合，竹马青梅；

春为岁首，梅占花魁。

才若功成，以速为贵。

为山九仞，功亏一篑[23]。

云山苍苍，江水泱泱。

仁人之风，山高水长。

君子量大，小人气大；

善人福大，恶人胆大。

千里之行，始于足下。

太阳光大，父母恩大。

注释

①庶（shù 树）：老百姓。议：非议，批评。

②画地为牢：上古时，刑律宽缓，有人犯罪，律吏于地上画一范围，令立其中，以示惩罚。削木为吏：用木削成假的狱吏。两句意为，即使在地上画一圈儿，也会遵守；即使用木削成假狱吏，也会当作真人。

③赳赳：健壮威武的样子。干：盾牌。城：城墙。本句意为：健壮威严的武士像盾牌和城墙一样保卫着国家。

④吐哺：吐出口中的食物。《史记·鲁世家》载：周公“一沐三握发，一饭三吐哺，起以待士，犹恐失天下之贤人”。沐：洗头。归心：民心归附。本句形容周公政务十分繁忙，日理万机。

⑤汤武：又称“武汤”，推翻夏朝而建立商朝的领袖。革命：指变革天命。

⑥韩信：西汉初军事家。韩信对刘邦说，自己带兵越多越好。

⑦嘤（yīng 英）：鸟叫的声音。本句意为：鸟儿在嘤嘤鸣叫，是寻求朋友发出的声音。比喻人需要结交志趣相同的朋友。

⑧唳（lì 利）：鹤叫声。东晋时，前秦王苻坚率兵九

十万，列阵淝水；谢玄等率精兵八万渡水击之，秦兵大败，“闻风声鹤唳，皆以为王师已至”，又，“北望八公山上草木皆类人形”，极度疑惧，惊恐万状，大败而归。

⑨项庄：项羽部将。沛公：刘邦。《史记·项羽本纪》载：“范增起，出，召项庄，谓曰：‘君王为人不忍，若(你)入前为寿，寿毕，请以剑舞，因击沛公于坐，杀之。’……于是张良至军门见樊哙。樊哙曰：‘今日之事何如?’良曰：‘甚急！今者项庄拔剑舞，其意常在沛公也。’”后世用来比喻以行动或言语暗中针对某一个人。

⑩“李杜”，指李白和杜甫。

⑪科考中落榜者叫“龙门点额”，意即落榜者像那些跳不过龙门的鱼额头一样，被碰了一下又落下来；而考中了进士后便在长安(今陕西西安)大雁塔上题写下自己的姓名。

⑫和氏之璧：古代宝玉。相传是楚国人卞和献给楚王的十分贵重的美玉。

⑬椿：指椿树，又称“长寿树”；古代的椿庭代表父亲。萱：指萱草，亦即忘忧草；古代以萱堂代表母亲。故父母健在称“椿萱并茂”。兰：指兰花。桂：指桂花。兰桂代表子女。

⑭曾三：《论语·学而》载：“曾子曰：‘吾日三省吾身：为人谋而不忠乎？与朋友交而不信乎？传不习乎?’”曾子每天都从这三个方面反省自己。颜四：《论语·颜渊》载，颜渊请孔子给列一个关于“仁”的纲目。

"子曰,非礼勿视,非礼勿听、非礼勿言、非礼勿动。"颜渊以此"四非"来严格要求自己。禹:指夏后氏族部落长,夏朝的创立者。陶:指东晋学者陶侃。禹和陶二人都十分珍惜光阴,禹惜寸阴,陶惜分阴。

⑮本句意为:螳螂只顾捕捉蝉(知了),却不知道黄雀正在背后瞅着要捉自己呢。人们常借此比喻某些人目光短浅,一心想谋害别人,却不知道还有人正在算计他自己。

⑯故事出自《淮南子·人间训》,比喻虽然暂时受到损失,但也可能因此得到好处,有坏事变成好事之意。

⑰鹬(yù遇):一种长嘴、灰白色的水鸟,栖息水边,捕食鱼蚌。本句意为:鹬叼住蚌肉不放,蚌欲拼命挣脱,相互争持不下,渔翁正巧把它们一起捉住。常用以比喻双方争斗相持不下,两败俱伤,结果让第三者得利。

⑱爱屋及乌:比喻推爱。《尚书·大战》载:"爱人者,兼其屋上之乌。"爱护自己所喜爱的人,也惠及其屋顶上停落的乌鸦。投鼠忌器:意谓要投掷东西击毙老鼠,又怕击碎老鼠旁边的器具。

⑲鞠躬:弯下身子行礼,表示恭敬、谨慎。瘁(cuì粹):劳累。已:终止。本句意为:不辞劳苦、辛勤地贡献出自己的一切,直到死为止。

⑳旦复旦:意为,天明到夜晚,夜晚又到天明。《尚书·大传》卷一下:"卿云灿兮,纠缦缦兮,日月光华,旦复旦兮。"

㉑淫巧：指低级下流的雕虫小技。

㉒三老：古代管教化的乡官。本句意为：要把事情办好，必须去询问最熟悉情况的人。

㉓仞（rèn 刃）：古代七尺或八尺叫一仞。亏：欠，差。篑（kuì 溃）：古代盛土的筐子。意谓造九仞高的山，因只差一筐土而没能完成。

第四章　五言篇

乐民之乐者，民亦乐其乐；
忧民之忧者，民亦忧其忧。
有道伐无道，无德让有德；
社稷堪流涕，安危费运筹。
宁可直中取，不向曲中求；
长怀克己心，节操必自守。
风起浪白头，人老无忧愁。
子美千间厦，香山万里裘。[①]
石压笋斜出，堰堵水横流。
少小思报国，不是爱封侯。
丈夫誓许国，赤臂任去留；
昔为仁义生，今死复何求！
闲居非吾志，甘心赴国忧；
愿借佛手助，祛尽人间愁。
闾庭多落叶，慨然知已秋；
中夜三五叹，长为大国忧。

气变知时易，不眠知夜长；
务广德者昌，务广地者亡。
功高盖天地，名飞青云上；
时危见臣节，世乱识忠良。
将相本无种，人生当自强。
有人穷不久，无人富不长。
瓦罐井上破，将军阵前亡。
人不可貌相，海不可斗量。
得贤者安存，失贤者危亡。
蚍蜉撼大树，可笑不自量；
因嫌纱帽小，致使锁枷杠。
道路无经纬，腹内皆黑黄；
子系中山狼，得志便猖狂。②
无功不受禄，有病不瞒医。
功高成怨府，权盛伏危机。
贵以贱为本，高以下为基；
世情有冷暖，人面逐高低。
请命为众生，救民出藩篱；
苏州十万户，尽作婴儿啼。③
绿窗明月在，青史古人空。
认真方辨假，无奸不显忠。
寒门生贵子，白屋出公卿。
纵死侠骨香，无愧世上英。
勿为眼前利，遗弃百世功；

得民心者兴，失民心者崩。
赏一以劝百，罚一以儆众。
存亡在所任，安危在出令。
守道而忘势，修德而忘名。
面誉未必忠，饰貌未必情。
道直身犹在，恩深命转轻；
无书求出狱，有舌到临刑。[4]
良马不恋秣，烈士不苟同；
生当作人杰，死亦为鬼雄。
销兵作农器，人间共太平。
将军不下马，各自奔前程。
当官不让父，举手不留情；
一朝权在手，便把令来行。
号令不虚出，赏罚贵分明；
天地有正气，杂然赋流形[5]。
吏肃唯遵法，清官不爱钱；
当官只爱钱，不会有清廉。
捐浊而清流，废贪而立廉；
圣人不利己，忧济在元元[6]。
究天人之际，通古今之变；
荣名秽人身，位高多忧患。
智贵乎早决，勇贵乎必为。
苟欲亲贤良，势必去谄媚。
阳春布德泽，万物生光辉。

捐躯赴国难，视死忽如归。
富贵花间露，荣华草头霜。
瘦马恋秋草，征人思故乡。
道尊贫安康，不义富遭殃；
狡吏不畏刑，贪官不厌赃。
露浓山气冷，风急蝉声哀；
不忧身之死，只忧国之衰。
当官人问我，辞官我问人；
家贫出孝子，国难见忠臣。
邪正不两立，忠奸不同谋；
宁可信其有，不可信其无。
树怕一墨线，理怕三面对。
赏不遗近远，罚不阿亲贵。
千山鸟飞绝，万径人终灭；
凌烟阁上人，未必皆忠烈。⑦
人事有代谢，往来成古今。
罚不讳贵贱，贵不利亲近。
致知而格物，身死为国殇；
虽死已报国，至今犹耿光。
制治于未蒙，保邦于未危。
小人爱议论，不乐成人美。
做事留一线，事后好见面；
召远在修近，避乱在除怨。
运筹帷幄中，决胜千里外；

要兴天下利，必除天下害。
寒随一夜去，春逐五更来。
感时思报国，拔剑起蒿莱。
权重必有基，公事不私议；
名声昭日月，功绩动天地。
事修而谤兴，德高而毁来；
壮士食糟糠，贤者没蒿莱。
人无信不立，马有夜草肥；
国难思良将，家贫思贤妻。
观今宜鉴古，无古不成今；
路遥知马力，日久见人心。
知子莫若父，知臣莫若君；
为国忘私仇，千秋思廉蔺[8]。
夕阳无限好，只是近黄昏。
眼见方为是，传言未必真。
天上星光亮，人间友情深；
壮心与身退，老病随年侵。
忧劳可兴国，逸豫能亡身。
日日行方便，时时发善心；
丈夫贵兼济[9]，岂独善其身！
孤雁难成行，一花不是春。
莫取金汤固，长令宇内新。[10]
仁笃长博爱，天下寄其身。
四海皆秋气，一室难为春。

烽火连三月，家书抵万金。
浩歌惊世俗，狂语任天真。
积财累千万，不如绝技身；
今日朱门者，曾恨朱门深。
鸦有反哺义，羊有跪乳恩。
临水知鱼性，近林知鸟音；
无钱休入众，遭难莫寻亲。
世路山河险，君门烟雾深。
酒醉红人面，财帛动人心；
宁丢一斗金，不舍一日春；
只要功夫深，铁杵磨成针。
好恶失其宜，是非难辨真。
以小人之虑，度君子之心。
鸟爱碧山远，鱼喜江河深；
行客拜坐客，非亲却相亲。
长恨言语浅，不如人意深。
蛇蝎不可畏，犹怕负人心。
虎毒不吃子，人毒不可亲。
食尽鸟投林，家破莫寻亲。
欲求苗木长，必先固其根；
学博足通古，才高能御今。
泽被鱼鸟忧，令行草木春。[11]
施恩不图报，图报不施恩；
有钱道真语，无钱语不真；

蚁穴坏长堤，恶念自毁身。
运去金成铁，时来铁成金；
钱财如粪土，仁义值千金。
云霞出海曙，梅柳渡江春。
君子避酒客，好汉护三村；
红艳桃花嫩，青鲜柳叶新。
饱暖生淫欲，饥饿起盗心。
一人一条心，无钱堪买针；
众人一条心，黄土变成金。
有钱男子汉，无钱汉子难。
只许他不是，不许我不贤。
栖阴找嘉木，饮水寻清泉；
当诉民生苦，应说百姓难。
为学益增智，不学增智难。
报国赴国难，英烈世代传。
上山擒虎易，开口求人难；
空口说空话，终归是枉然。
不听老人言，吃亏在眼前。
你急我不急，人闲心不闲。
昔日横波日，今作流泪泉。
欲取鸣琴弹，但寻知音难；
潮平两岸阔，风正一帆悬；
海日生残夜，江春入旧年。
在家千日好，出门当时难。

不求金玉贵，只愿儿孙贤。
富人思来年，穷人想眼前。
由俭入奢易，由奢入俭难。
少年立壮志，切莫叹流年；
老来愁路远，家贫方觉难。
风吹水浪起，有险不开船。
人生贵相知，何须论金钱？
江头风波恶，人间行路难。
世途旦又旦，人情玄又玄。
下水知深浅，吃果知酸甜；
贫穷无怨易，富贵无骄难。
隔行如隔山，无水难开船。
用人如用木，求人不求全。
结缘同船渡，犹如共枕眠；
要知心腹事，细听口边言。
任凭风浪起，稳坐钓鱼船。
要通古今变，应立一家言；
轻者重之端，小者大之源。
幼成若天性，习惯成自然；
树倒猢狲散，品洁能延年。
三难信达雅，九章勾股弦。[12]
衣是瘆人毛，钱是光棍胆。
宁走十步远，不走一步险。
惊涛响连天，自满学问浅。

打人不打脸，骂人不揭短。
青苔石上净，细草松下软。
一视而同仁，笃近而举远。
饮马鱼惊水，穿花露沾衣；
举头红日近，回首白云低。
甜瓜带蒂苦，甜枣生荆棘。
家无隔宿粮，身无蔽体衣。
睹物知长短，直面识高低。
荆溪白石出，天寒红叶稀。
鬓边虽有丝，不堪织寒衣；
自古皆有死，民无信不立。
掬水月在手，弄花香满衣。
劝人终有益，退步天地宽；
山高路途远，客走主人安。
羁鸟恋旧林，池鱼思故渊。
富人叙家产，穷人谈心酸。
月黑杀人夜，风高放火天。
君看长安道，岂有饿死官？
病痛长呼母，穷困即号天。
妻顺夫祸少，子孝亲心宽。
未晚先投宿，鸡鸣早看天。
青蝇一相点，白璧遂成冤。⑬
不是掌舵手，莫去弄船竿；
无祸即是福，有吃不愁穿。

无波古井水，有节秋竹竿。
丈夫非无泪，不洒离别间；
万壑树参天，千山响杜鹃；
及之而后知，履之而后艰。
潭清疑水浅，荷动知鱼散；
瓜田勿纳履，李下莫整冠。[14]
相知无远近，万里尚为邻；
莫道人行早，更有早行人。
老马识鼓角，老将识风云；
真人不露相，露相不真人。
福与祸同门，利与害为邻；
盛年不再来，一日不再晨。
酒浓春入梦，窗破月寻人；
读书破万卷，下笔如有神。
鸟归沙有迹，帆过浪无痕。
人去空流水，花飞半掩门；
檐前花复地，竹外鸟窥人。
笔落惊风雨，诗成泣鬼神。
柴门闻犬吠，风雪夜归人。
日暮苍山远，天寒白屋贫。
人众则食狼，狼众则食人。
三年清知府，十万雪花银。[15]
价高招远客，酒醉骂仇人。
广直言之路，启进善之门。

要除屋上草，先看屋下人；
弹琴勤于指，说话费精神。
要辨三岔口，须问来去人；
欺山不欺水，压富不压贫。
身正人欺鬼，时衰鬼欺人。
酒逢知己饮，诗向会人吟。
相识满天下，知音有几人？
以文长会友，唯德自有邻。
尊师以重道，爱众而亲仁；
松风吹解带，山月照弹琴。
及时当勉励，岁月不待人；
沛然流肺腑，殊不见斧痕。
天下无难事，只怕有心人；
秀才不出门，遍知天下闻。
在家靠父母，出门靠友人；
海内存知己，天涯若比邻。
力微休负重，言轻莫劝人。
有钱堪入众，无衣懒出门。
宁可人负我，切莫我负人。
割不断的亲，搬不走的邻。
四海皆兄弟，谁为行路人？
莫信直中直，谨防人不仁。
避人没好话，好话不避人。
酒肉待远客，失火靠近邻；

若要断酒法，冷眼看醉人。
黑心进衙门，善心进庙门。
儿不嫌母丑，狗不嫌家贫。
忠臣不怕死，怕死不忠臣。
人比黄花瘦，莫道不销魂。
伤心江上客，不是故乡人；
有风方起浪，无潮水自平。
夫妻当讲情，讲情互相疼；
钢梁磨绣针，功到自然成。
可怜闺中月，长照汉家营。⑯
知是行之始，行是知之成。
秋风吹不尽，总是玉关情。
离离原上草，一岁一枯荣。
天意怜幽草，人间重晚晴。
聪者听无声，明者见有形；
其人虽已殁，千载有余情。
如何同枝叶，各自有枯荣。
道自微而生，祸自微而成。
知贤之谓明，辅贤之谓能；
不苟一时誉，思为利无穷。
万水千山路，孤舟数月程；
明知山有虎，偏向虎山行。
丈夫四方志，安可辞固穷。
读书患不多，思义患不明；

一朝被蛇咬，十年怕井绳。
人老心不老，人穷志不穷；
人无千日好，花无百日红。
人不劝不善，钟不敲不鸣。
雁尽书难寄，愁多梦不成。
生有高士名，虽死传无穷；
山上崖鹰瘦，世上光棍穷。
事不为不成，路不铲不平。
火挪三次熄，家搬三年穷。
所耻者恶名，所荣者善行。
露从今夜白，月是故乡明。
一时今夕会，万里故乡情。
升沉应已定，不必问君平[17]。
和尚和为尚，修行修不行。
耳限于所闻，则夺其天聪；
目限于所见，则夺其天明。[18]
业患不能精，行患不能成；
不一则不专，不专则不能。
水无源必竭，木无本必枯；
衰世多信鬼，愚人多求福。
池养化龙鱼，庭栽栖凤竹；
杜门不复出，久与世情疏。[19]
游仙半壁画，隐士一床书。
欲求生富贵，须下死功夫。

水清石乃见，鱼烂刺自出；
量小非君子，德高是丈夫。
苍蝇间黑白，谗巧令人疏。
学问勤中得，萤窗万卷书。
不才明主弃，久病故人疏。
百病从口入，百祸从口出。
人怕不是福，人欺不是辱；
与君一席话，胜读十年书。
朱门酒肉臭，路有冻死骨。
棋着一步错，全盘皆是输。
小事不介意，大事不糊涂。
以小人之心，度君子之腹。
衣着日已久，污垢不堪睹。
蛟龙得云雨，终非池中物。
是非终日有，不听自然无；
论穷达生死，直节贯殊途。
有识竭其谋，有才尽其智；
君子忌苟合，择交如求师。
问以经济策，茫如坠烟雾。
无意苦争春，一任群芳妒。
飞蛾性趋火，见火不见蛾；
冰炭不同室，粉墨不同橐[20]。
好事不出门，坏事传千里。
货贱人生疑，水深不知底。

求财恨不多，财多反害己；
威与信并行，德与道相济。
工欲善其事，必先利其器。
人见白头嗔，我见白头喜。
平时不烧香，临时抱佛脚；
政清才子贵，家富小儿娇。
有情须当敬，无义切莫交；
能取进士第，崭然见头角。
留得青山在，不愁没柴烧。
不因渔父引，那得见波涛；
知足者长乐，能忍者自安。
万恶淫为首，百行孝当先。
由来落笔难，千改始心安；
积句而成章，积章而成篇。
十年朝夕泪，衣袖不曾干；
壮心欲填海，苦胆为忧天。[21]
故人江海别，几度隔山川。
莫道桑榆晚，霞光尚满天；
他乡生白发，故国见青山。
出门即有碍，谁谓天地宽？
君作北斗星，百年无转移；
君当作磐石，妻当作苇席。
打起黄莺儿，莫教枝上啼。
人善被人欺，马善被人骑。

铁肩担道义，妙手著文章。
在家孝父母，何必远烧香？
先下手为强，后下手遭殃；
倘能制侵凌，岂在多杀伤！
曾驱十万师，流落征南将；
人生不相见，动如参与商[22]。
一畦春韭绿，十里稻花香；
不知明镜里，何处得秋霜？
千里作远客，五更思故乡；
朱门务倾夺，赤族迭罹殃。[23]
人有十年旺，神鬼不敢傍；
常怀金不换，莫作石敢当。
用人不疑人，疑人不可用；
千里送鹅毛，礼轻人意重。
一忍支百勇，一动制百静；
性为情之本，情为性之用。
不怕生坏命，就怕生坏病。
木受绳则直，人受谏则圣。
剖腹藏金锭，爱财不爱命；
苟欲亲贤明，势必去宠幸。
浮云翳白日，谗言害公正；
见利而思义，见危而授命。
春秋多佳日，登高赋新诗；
举贤而任之，举善而从之。

丰草多华英，老树多枯枝；
猿声催白发，长短尽如丝。
他乡有明月，千里照相思；
高节人相重，虚心世所知。
量力而用之，度才而处之；
以三寸之舌，强百万之师。
春风不几日，两鬓尽如丝。
官有十条路，九条人不知。
破镜不重圆，落花难上枝；
心宽应是酒，遣兴莫过诗。
人怕老来穷，谷怕午时风。
灭却心头火，点亮佛前灯。
怒是无名火，忍是克灾星；
宁肯站着死，不愿跪着生。
勿长人志气，勿灭己威风；
打虎亲兄弟，上阵父子兵。
无钱方断酒，年老始看经；
但留方寸土，给予子孙耕。
人亲财不亲，财物宜分清。
天落长子顶，家和万事兴。
时穷节乃见，一一垂丹青。[24]
结缘手足情，相爱家道兴；
不怕无人请，就怕艺不精；
秀才遇上兵，有理说不清。

闻道有先后，术业有专攻；
诗书勤中得，束书腹中空。
何物最关情，黄鹂三两声。
直如朱丝绳，清如玉石冰；
始知丹青笔，能夺造化功。
阅书白纸尽，笔落四座惊。
山从人面起，云傍马头生；
为我一挥手，如听万壑松。
野火烧不尽，春风吹又生；
苔痕上阶绿，草色入帘青。
草枯鹰眼疾，雪尽马蹄轻。
达人无不可，忘己爱苍生；
文有所未竭，艺有所未精。
狡兔依然在，良犬已先烹。
有钱万事备，无官一身轻；
流血涂野草，豺狼尽弹缨。
斩草不除根，新芽依旧生。
少年骑竹马，转眼白头翁。
疾风知劲草，岁寒傲柏松。
志适不期贵，道存岂偷生。
叶落知寒近，山高见日迟；
草木本无意，荣枯自有时。
叶密鸟飞碍，风轻花落迟。
源洁则流清，行端则影直；

盲人骑瞎马，夜半临深池。
屯得千吨货，自有赚钱时。
辞约而旨达，衔华而佩实。
海上生明月，天涯共此时。
白云在青天，可望不可即；
楚人不识凤，高价求山鸡。[25]
一朝沟陇出，看取浮云飞；
少壮不努力，老大徒伤悲。
寒雪梅中尽，春风柳上归；
白发悲花落，青云羡鸟飞。
往者不可谏，来者犹可追；
彼亦有是非，此亦有是非。
知足知不足，有为有不为。
蛇无头不行，鸟无翅不飞。
若要人不知，除非己莫为。
集言信有虎，聚蚊可成雷。
鱼因香饵诱，铤险吞钓钩；
忍得一时忿，免得终生忧。
仍怜故乡水，万里送行舟；
树恩而收名，养尊而处优。
饮食约而精，园蔬愈珍馐。
人生不满百，长怀千岁忧；
何意百炼钢，化为绕指柔；
二句三年得，一吟双泪流。[26]

明月松间照，清泉石上流。
人在矮檐下，不可不低头。
人往高处走，水往低处流。
有花方酌酒，无月不登楼。
可使分寸折，不容绕指柔。
莫言名与利，名利是身仇。
星随平野尽，江入大荒流；
生材必有用，慎勿多苛求。
梦绕边城月，心飞故乡楼；
塞外飘客泪，边柳挂乡愁。
眼前帆去远，心逐江水流；
昼短苦夜长，何不秉烛游！
行云难重寻，覆水难再收。
深山藏猛虎，大海纳细流。
晴天不肯去，直待雨淋头。
千里马常有，伯乐不常有。
交有德之朋，绝无益之友。
其择人宜精，其任人宜久。
结发同枕席，黄泉共为友；
见官勿向前，做客勿向后。
要想不丢丑，亲自学到手。
医得眼前疮，割却心头肉。
贫不与富斗，鸡不与狗斗；
民不与官斗，男不与女斗。

能文不求贵，善画不求售。
忠厚传家远，诗书继世长；
夫妻相和好，琴瑟与笙簧。
挽弓当挽强，射箭当用长；
射人先射马，擒贼先擒王。
相见少闲言，多话桑麻长；
易求无价宝，难得有心郎。
臂长知袖短，师高弟子强；
李杜[27]文章在，光芒万丈长。
人勤地不懒，心静自然凉；
义与风云翔，名与日月长。
贪得一斗米，失却半年粮；
触来莫与竞，事后心清凉。
天寒知被薄，忧思知夜长；
自己心里急，别人不知忙。
云彩怕风吹，晨露怕日晒；
汝果欲学诗[28]，功夫在诗外。
桂子月中落，天香云外飘；
一人见识浅，众人见识高。
气球轻如毛，秤砣压千斤。
势败休云[29]贵，家破莫论亲。
后生固可畏，年老犹当尊。
三人可成虎，众口能铄金。
九族人伦序，承袭继血缘。

不听老人言，水浪打翻船；
不怕立子晚，就怕寿命短。
不读书有权，不识字有钱。
君子交有义，不必长相从；
两高不可重，两大不相容。
千秋万岁名，寂寞身后事。
清水出芙蓉，天然去雕饰。
门内有君子，门外君子至；
十年磨一剑，霜刃未尝试。
浮云终日行，游子久不至。
争名者于时，争利者于市；
做第一等人，干第一等事；
说第一等话，立第一等志。
寡欲精神爽，思多血气衰。
为人勿共财，共财两不来；
一正压百邪，少见易多怪。
家无读书子，官从何处来？
公说公有理，婆说婆有理；
悖入亦悖出，害人如害已。
君子喻[30]于义，小人喻于利。
文以达吾心，画以适吾意。
象以牙毁身，蚌以珠剖体。
贵人以贱已，先人以后己。
木受绳则直，金就砺则利；

鼻息干虹霓，行人皆怵惕[31]。
心不存邪念，脚不踏险地。
人无害虎心，虎有伤人意。
讲之功有限，习之功无已；
温故而知新，可以为师矣。
青春须早为，岂能长少年！
百年能几时，君子莫可闲。
狐裘足以暖，焉知无衣寒；
一声何满子，双泪落君前[32]。
冷露滴梦破，峭风梳骨寒；
赖以政声远，时有路人传。
可为智者道，难为俗人言；
红颜与壮志，叹息此流年。
借问行几何，咫尺视九州；
所守唯道义，所行唯忠厚。
一次被蛇咬，二次怕进草；
一次上了当，二次怕照样。
路上有饥人，家中有剩饭。
世异则事异，事异则备变。
人醉心意乱，客人随主便；
博学乃无穷，笃行而不倦。
藤萝绕树生，树倒猢狲散；
利莫大于治，害莫大于乱。
勿谓寸阴短，既逝难再获；

三五明月满，四五蟾兔缺。[33]
绳长难系日，流光易蹉跎。
人多好干活，人少好吃馍。
朋友千个少，冤家一个多；
君子淡以亲，小人甘以绝。[34]
刑不以刀锯，赏不以爵禄。
峣峣者易折，皎皎者易污。[35]
一丛深色花，十户中人赋；
剥我身上帛，夺我口中粟。
相去日以远，衣带日以缓。
临财毋苟得，临难毋苟免。[36]
胜事谁复议，丑声日远播；
心曲[37]千万端，悲来却难说。
劝君早归家，绿窗人似花。
博积而约取，厚积而薄发。
挣钱针挑土，败家水推沙。
开轩面场圃，把酒话桑麻。
投我以木桃，报之以琼瑶。
一人计不用，万里空萧条。
心好命亦好，幸福直到老；
但能依本分，终日无烦恼。

注释

①子美：杜甫，字子美。千间厦：杜甫《茅屋为秋风所破歌》："安得广厦千万间，大庇天下寒士俱欢颜。"香山：白居易，号香山居士。万里裘：白居易《新制布裘》："安得万里裘，盖裹周四垠。"本句充分表现了杜、白二人的广阔胸怀和高贵品德。

②子：你。"子"和"系"二字合为"孫"（孙）字，隐指《红楼梦》中贾迎春的丈夫孙绍祖。中山狼：传说战国时赵简子在中山打猎，射伤一狼，被东郭先生所救；后狼反要吃掉东郭先生，幸亏遇见一位老农，设计将狼处死。后来，人们常用"中山狼"比喻忘恩负义的人。

③白居易曾为苏州刺史（汉代到唐代的地方长官），有政声，离任时，州民拦道啼哭，尽如婴儿。

④无书：没有乞降的文字。有舌：有痛骂敌人的口舌。见宋代文天祥《己卯十月一日至燕越，五日罹狴犴，有感而赋》。文天祥（1236～1282 年），字宋瑞，号文山。南宋末年著名抗元民族英雄。

⑤杂然：形容充满宇宙的样子。赋流形：体现于各种形态。

⑥忧济：忧虑救济。元元：百姓。

⑦凌烟阁：封建王朝为表彰功臣而建的高阁，阁上绘有功臣群像。

⑧廉蔺：战国时赵国的大臣廉颇和蔺相如，二人在

赵国都有大功。廉颇忌蔺相如位在其上，多次羞辱蔺；蔺为国家之利，顾全大局，一再忍让。后廉深悔，亲自负荆杖向蔺请罪，后世传为美谈。

⑨兼济：兼济天下，即为天下人谋福祉。

⑩金汤："金城汤池"的缩写，喻防守坚固的城池。本句意为：只要不倚恃城池的地势险要而忽视修德，就能使得宇内气象长新。

⑪泽被(pī 披)：恩泽所施。令行：政令推行。

⑫严复《天演论·译例言》载："译事三难：信、达、雅。"译事：指翻译。信：指忠实于原文。达：指表达流畅、充分。雅：指富于文采。九章：指《九章算术》一书。该书系统总结了我国先秦到东汉初年的数学成就，共分九章。其中第九章提出勾股定理，即勾三股四弦五，具有世界意义。

⑬青蝇：苍蝇的一种。古人常以青蝇比喻进谗言的人。点：指玷污。白璧：洁白无瑕的美玉，喻作清白无辜的人。

⑭履(lǚ 吕)：鞋子。纳履：提鞋子。冠：帽子。整冠：整帽子。本句意为：在瓜田间不要提鞋子；在李树下不要整帽子，以避嫌疑。

⑮本句意谓做官就会有很多钱。

⑯可怜：可爱。汉家营：唐朝军队的营帐。唐人惯以汉代唐。如白居易《长恨歌》"汉皇重色思倾国"，此"汉皇"实指唐明皇李隆基。本句是说，昔日在闺中夫

妻共赏的可爱月色，如今却长照着丈夫所在的军营。

⑰升沉：指政治地位上升或下降。君平：指汉朝人严君平。其人隐居不仕，专以卖卜为生，故后世多以“君平”代卜人，俗称“算命先生”。

⑱天聪：自然的聪敏。天明：自然的智慧。

⑲杜门：关门。疏：生疏，不熟悉。

⑳橐（tuò 驼）：一种口袋。

㉑填海、忧天：二词均表示为国效忠之意。

㉒动：动辄。参（shēn）与商：参星与商星东西相对，此出彼没，两不相见，因以比喻人的分离。

㉓朱门：指官宦之家。务：极力。倾夺：掠夺。赤族：意谓诛杀全族。迭：连续。罹（lí 离）：遭遇。

㉔时穷：指危困的局势。节：气节。丹青：丹是红色，青是绿色；丹青之色不易泯灭，用以比喻坚贞的节操。垂丹青：指坚贞的节操和高贵的品格永垂后世。

㉕据《笑林》记载：从前楚国有一个人，看见一只山鸡，以为是凤凰，就以高价买下，打算献给楚王。

㉖唐人贾岛吟成“独行潭底影，数栖树边身”两句，原诗《题诗后》云：“二句三年得，一吟双泪流。知音如不赏，归卧故山秋。”

㉗李杜：指李白与杜甫。

㉘汝：你。果：当真。

㉙云：说。

㉚喻：通晓。

㉛鼻息：呼吸时从鼻腔出入的气息。前半句形容气焰极盛、趾高气扬。怵（chù 触）惕：恐惧，害怕状。

㉜何满子：唐代教坊曲名，后用为词牌，亦作《河满子》。唐玄宗时歌人何满子，临刑哀歌一曲以自赎，竟不得免；后来此曲即以歌者为名。

㉝三五：指农历十五。四五：指农历二十。蟾兔：月亮。

㉞淡：淡淡交往。甘：交往甜蜜。绝：交情断绝，不长久。

㉟峣（yáo 尧）峣：山很高的样子。皎（jiǎo）皎：洁白的样子。

㊱毋（wú 无）：不要。苟（gǒu 狗）：随便，草率。苟得：随便或草率得到。难（nàn 那按快读）：灾难。苟免：只图目前免于祸患。

㊲心曲：心事。

第五章　六言篇

恭敬不如从命，施药不如传方。

家熟不如国熟，花香不如书香。

利于国者爱之，害于国者恶之。

常想不测之忧，多虑治平无事。

古之仁人志士，无不除害兴邦。

功与天地同寿，名与日月同光。

泥车不能代驾，木马不能驰骋。

抒怀古之蓄念，发思国之幽情。

以武功定祸乱，以文德致太平。

不苟一时之誉，当思为利无穷。

读书志在报国，为官心系百姓。

怀文武之才者，必荷社稷之重。

不知身在天涯，唯有夜来归梦。

不患位之不尊，唯患德之不崇[①]。

罚恶不避官宦，赏善不遗匹夫。

邦有道贫贱耻，邦无道富贵辱。

骄奢生于富贵，祸乱生于疏忽。

天有不测风云，人有旦夕祸福。

闲谈莫论人非，静坐常思己过。

切勿知法犯法，慎勿当做不做。

天时不如地利，地利不如人和。

有福不可享尽，有话不可说绝。

意莫高于爱民，行莫高于乐民，

意莫下于刻民，行莫贱于害民。

己欲立而立人，己欲达而达人。[②]

有杀身以成仁[③]，无求生以害仁。

病重乃贵良医，国难乃贵贤臣。

安危存于自处，存亡在于得人。

令常改则难从，言多变则失信。

大材不可小用，小士不可大任。

怀既往而不咎，指将来而骏奔。

下情理应上达，君子不耻下问。

千羊不驱一虎，万雀不敌一鹰。

宜守不移之志，宜成可大之功。

挽狂澜于既倒，扶大厦之将倾。

只许州官放火，不许百姓点灯。

海必纳于百川，方得巨大之名。

罚必依法而行，赏必以功而成。

尽责而不求名，执法而不徇情。

渴不饮盗泉水，热不栖恶木阴。

达则兼济天下，穷则独善其身。
仕宦而至将相，富贵而归故乡。
国以信治天下，将以勇镇寇邦。
致治在于任贤，民富才能国强。
民罹[④]凶饥则亡，国畏寇敌则伤。
铅不可以为刀，铜不可以为弩。
怨在不舍小过，患在不预大谋。
宰相起于州郡，猛将出于卒伍[⑤]。
已恩不如再恩，一误切勿再误。
澄其源者流清，混其本者末浊。
将在谋不在勇，兵在精不在多。
仁义以治天下，赏罚以定干戈。
不耻禄之不多，只耻智之不博。
言过其实则损，禄过其位则削。
君子当权积德，小人得势积恶。
非药难以医疾，非兵难以定国。
法令行则国治，法令弛则国乱。
集古今之精英，作治国之龟鉴[⑥]。
开其自新之路，图其改恶从善。
授之以德国安，授之以怨国乱。
与其锦上添花，不如雪中送炭。
爆竹一声除旧，桃符万户更新。
岂能尽如人意，但求无愧我心。
君子以德报怨，小人以怨报恩。

不以利禄为意，而以仁厚为心。
即以其人之道，还治其人之身。
谗言可以乱政，众口可以铄金[7]。
毁誉不干其守，饥寒不累其心。
不可因财失义，不可贪利忘恩。
治家以勤为本，待客以礼为尊。
与其有乐于身，不如无忧于心。
若有知音相和，不辞唱遍阳春[8]。
江月知人念远，上楼来照黄昏。
祸莫惨于欲利，悲莫痛于伤心。
居身务期俭朴，教子要有义方[9]。
大家做事平常，小家做事慌张[10]。
吉人自有天相，凶人自有祸殃。
宁吃鲜桃一口，不吃烂杏半筐。
凡事当留余地，得意不宜再往。
智者千虑一失，愚者百短一长。
进苦口之药石，针害身之膏肓[11]。
凡人不可貌相，海水不可斗量。
好马出在腿上，光棍出在嘴上。
先谋后事者昌，先事后谋者伤。
羊不可驾长车，椽不可作栋梁。
有始者必有终，有存者必有亡。
富贵要以本分，贫穷不枉思量。
责人之心责己，恕己之心恕人。

单丝不能成线，独木不能成林。
说话说于明人，送饭送给饥人。
远亲不如近邻，近邻不如对门。
饶人不是痴汉，痴汉不会饶人。
穷人莫争恶气，富人莫压乡贫。
不医者未必死，庸医者能杀人。
嘴说不如身临，眼见胜于耳闻。
乐以移风易俗，礼以弘德化人。
求师负笈千里，敬师立雪程门[12]。
除害在于立断，得众在于下人[13]。
口则务于明言，笔则务于行文。
药虽掌于医手，方多传于古人。
不可以大压小，不可以富压贫。
不可瞒心昧己，不可利己损人。
看莫大于自见，听莫大于自闻。
与其让人敬我，不如我先敬人。
远水不救近火，远亲不如近邻。
宁可有钱节俭，不可无钱求人。
创基冰泮之上，立足枳棘之林。[14]
家丑不可外扬，流言不可轻信。
便宜不可染指，聪明不可用尽。
耻下问者自满，知不足者好问。
有势不可压人，有谋不可用尽。
谢朝华于已披，启夕秀于未振。[15]

靠神不如靠人，积金不如积德。
指陈当世之宜，规划万年之策。
怨天不如怨人，尤人不如自责；
罪莫大于无道，怨莫深于无德。
乐易者常寿长，忧险者常夭折。
立片言以居要，撰一文以警策。
蛇无头而不行，鸟无翅而不飞。
自重不可自大，自谦不可自卑。
你有千条妙计，我有一定之规。
实迷途之未远，觉今是而昨非。
息却雷霆之怒，罢除虎狼之威。
有人人之是非，有天下之是非。
朝菌不知晦朔，寒蝉不知春秋。[16]
忍得一时之气，免得百日之忧。
君子周而不比，小人比而不周[17]。
宁给饥人一口，不给富人一斗。
勿贪意外之财，勿饮过量之酒。
进步先思退步，动手先想放手。
水至清则无鱼，人至察则无徒[18]。
牛刀可以割鸡，鸡刀难以屠牛。
休与恶人为仇，恶人自有对头。
万两黄金易得，知音一个难求。
任你官清似水，难躲吏滑如油。
功业逐日以新，名声随风而流。

哀吾生之须臾，羡长江之无穷。
割不断中国结，说不尽炎黄情。
士为知己者死，女为悦己者容。
愚者昧于成事，智者见于未萌。
聪者听于无声，明者见于无形。
与天地同其寿，与日月齐其明。
用人不求其备，嘉善而矜不能。
托虚名以邀利，立小异以图名。
人神之所共弃，天地之所不容。
自当知恩图报，切莫反目无情。
轻死不如立节，苟殒不如留名。
板桥人渡无声，茅檐日午鸡鸣。
燕子来时新社，梨花谢后清明。
时不可以苟遇，道不可以虚行。
不治多见之美，不争乱世之名。
胆大天下去得，胆小寸步难行。
宜未雨而绸缪，勿临渴而掘井。
拯斯民于水火，扶大厦之将倾。
不为无益之事，不做无补之功。
表壮不如里壮，会说不如会听。
镜于铜见面容，镜于人知吉凶。
眼不见非无色，耳不闻非无声。
交绝不出恶声，切勿路断桥崩。
学于一人门下，用于万人之中。

眼察秋毫之末，耳闻金石之声。

祸兮福之所倚，福兮祸之所伏。[19]

学者溺于旧闻，常人安于故俗。

与其诅咒黑暗，不如点亮蜡烛。

八十不可留餐，九十不可留宿。

不患老而无成，只怕幼儿不学。

人有悲欢离合，月有阴晴圆缺。

不学无以成才，非静无以成学。

有其言无其心，有其心无其决。

锄一草众苗茁，除一害万民悦。

铺张出自富裕，盗贼出于赌博。

对我常说别人，对人宁不说我？

老子偷瓜盗果，儿子杀人放火。

世有无妄之福，亦有无妄之祸。[20]

锐锋出于钝金，明火生于暗火。

百闻不如一见，百见不如一干。

心为万事之主，动而无节则乱。

真金不怕火炼，真理不怕论辩。

牛羊自归村巷，童稚不识衣冠。

当思来处不易，恒念物力维艰。

富人天天过年，穷人年年过关。

单股绳索易断，山高石陡难攀。

县官不如现管，急事尤须办缓。

不汲汲于富贵，不戚戚于贫贱。

富贵不为至乐，功名不为至贤。
粉黛可以饰容，文采可以饰言。
云无心而出岫，鸟倦飞而知还。
或操觚以率尔，或含毫而邈然。[21]
自奉必须俭约，宴客切勿流连。
以天下与人易，为天下得人难。
崇尚罚恶赏善，力倡尊老敬贤。
金地不如心地，命好不如心好。
人以有权为贵，我以不贪为宝。
障百川而东之，挽狂澜于既倒[22]。
话多不如话少，话少不如话好。
积财不如教子，死宝不如活宝。
意翻空而易奇，言征实而难巧。[23]
赤壁矶头落照，淝水桥边衰草。[24]
咬人之狗不叫，好叫之狗不咬。
人无勤俭不富，马无夜草不肥。
不义之财莫取，非理之事莫为。
货贿为贤者贱，德行为贤者贵。
点画皆有筋骨，书体自然雄媚。
勿以善小不为，勿以恶小而为。
天地四方曰宇，古往今来曰宙。
情在词外曰隐，状溢目前曰秀。
能文而不求举，善画而不求售。
莺嘴啄花红溜，燕尾点波绿皱。

风雨不时则饥，寒暑不时则疾。

家富则疏族聚，家贫则兄弟离；

冬寒则儿号冷，岁歉则妻啼饥。

医有割股之心，唯恐身无绝技。

良臣择主而事，好鸟择木而栖。

新沐者必弹冠，新浴者必振衣。

国乱则思良将，家贫则思贤妻。

拨乱反正之君，拔山超海之力。

吞吐天地之志，包藏宇宙之机。

人生天地之间，犹如白驹过隙。

天无绝人之路，人有胜天之力。

勤俭富裕之本，懒惰贫贱之苗。

得人滴水之恩，须当涌泉相报。

事有不可知者，有不可不知者；

事有不可忘者，有不可不忘者。

苟非吾之所有，虽一毫而莫取。

访民瘼于井邑，察冤枉于囹圄。

君子泰而不骄，小人骄而不泰。

学而不思则罔，思而不学则殆。

运筹帷幄之中，决胜千里之外[25]。

不汲汲于荣名，不戚戚于卑位。

百岁无智小儿，小儿有智百岁。

自古失国之君，皆为居安忘危。

小人之好议论，不乐成人之美。

凡克己以修民，皆力行而不悔。
影不为曲物直，响不为恶声美。
贵珠出乎贱蚌，美玉出乎丑璞。
君子远在他乡，不忘父母之国。
音以悦耳为美，色以悦目为欢。
双鬓虽已如云，寸心至死似丹。
百年成之不足，一旦毁之有余。
鹅不日浴而白，乌不日浴而黑。
交友要交君子，栽树尚栽松柏。
日出朝阳似火，日落残阳如血。
为人光明磊落，做事斩钉截铁。
良骏败于拙御，智士踬于暗世。[26]
大事化为小事，小事化为无事。
培牡丹者得花，种蒺藜者得刺。
不愿酒中成圣，但愿心中无事。
小鸟尚存一枝，狡兔犹藏三窟。
长记溪亭日暮，沉醉不知归路。
计能规于未兆[27]，虑能防于未然。
能克终者甚寡，能善始者实繁。
穷人要讲骨气，富人要讲仁义。
日记之无近功，岁记之有大利。
功未成而旋去，事垂立而辄废。
小谨者不大立，厌食者不肥体。
创巨者其日久，痛甚者其愈迟。

教人必因其性，治水必因其势。

荣以天下为荣，耻以天下为耻。

注释

①崇：高。

②立：站得住。立人：让别人站得住。达：行得通。达人：让别人行得通。

③仁：仁爱，爱人。儒家思想体系的核心。

④罹（lí 离）：意为遭受困难或不幸，如罹难。

⑤州郡：我国古代实行过的基层行政单位。卒伍：士兵队伍。

⑥龟鉴：亦作“龟镜”，比喻借鉴。龟：龟甲。古代人迷信，以龟甲占卜吉凶祸福。鉴：镜子。

⑦铄（shuò 朔）金：融化金属。

⑧阳春：古代楚国歌曲名。

⑨义方：正确的方法。

⑩大家、小家：指人的风度，如大家风度。

⑪肓（huāng 荒）：我国古代医学指心脏和膈膜之间的地方。膏：脂肪、油。膏肓：关键部位，如患上疑难病症称“病入膏肓”。

⑫典出宋代，游酢（zuò 做）和杨时大雪天拜见老师程颐，正逢老师午休。他们就一直在门外站着等，程颐午休醒来时，雪已深一尺。后人用“立雪程门”形容对老师的恭敬。

⑬下人：谦虚待人。

⑭冰泮（pàn 判）：冰块溶解，比喻危险境地。枳（zhǐ 止）棘：指多刺的树木，比喻艰难的环境。

⑮谢：凋谢。朝华：早晨开的花。披：枯萎。启：启动，促使开放。夕秀：晚上开的花。未振：花尚未开放。朝华、夕秀：此均比喻文章。

⑯朝菌：朝生暮死的菌类植物。晦：阴历月终。朔：阴历月初。春秋：整年。

⑰比：勾结。周：周全，合群。

⑱至清：水清到极点。至察：人过分精明，不厚道。无徒：没有与他交往的人。

⑲倚：倚附。伏：潜伏。两句意为，"祸"与"福"是互相倚附的对立面的双方，在一定条件下会互相转化。

⑳意为世上有不希望而忽然来到的祸福。

㉑觚（gū 孤）：古代用来书写的木简或古代一种酒器。操觚：写文章。率尔：迅速成功。毫：毛笔。邈然：茫茫，构思缓慢。

㉒障：阻挡。狂澜：巨大的波浪。

㉓翻空：创作时驰骋的想象。征实：把想象的内容具体表现出来。

㉔赤壁矶：周瑜大败曹操的故址。落照：夕阳西下的余光。淝水桥：东晋名将谢玄、谢石大败前秦王苻坚的地方。

㉕运筹：运用计谋。帷幄：军中的帐幕。《史记·

高祖本纪》载："高祖曰：'公知其一，未知其二。夫运筹策帷帐之中，决胜于千里之外，吾不如子房（张良）。'"

㉖御：驾驶车马的人。踬（zhì 至）：被绊倒，引申为不能成事。

㉗兆：预兆。

第六章　七言篇

先天下之忧而忧，后天下之乐而乐。

德积百年元气厚，书读三代雅士多。

识时务者为俊杰，昧先兆者非圣哲。①

行仁义以治天下，公赏罚以定干戈。

世间好话书说尽，天下名山僧占多。

芳林新叶催陈叶，流水前波让后波。

种树必先培其根，修德必先正其心。

欲影正者端其表，欲下廉者先其身。

相看白刃血纷纷，死节从来不顾勋。

北邙荒冢无贫富，玉垒浮云变古今。②

纵观古今贤达士，功成不退自损身。

不受尘埃半点侵，竹篱茅舍自甘心。

倖名无德非佳兆，乱世多财是祸根。

事有疑误而成过，物有形似而类真。

词源倒流三江水，笔阵独扫千人军。③

有恒产者有恒心，无恒产者无恒心。

豪华落尽见真淳，一语天然万古新。
著书不为丹铅误，中有风雷老将心。[④]
艳花犹怕佳期过，不可教人枉度春。
炙手可热势绝伦，慎莫近前丞相嗔。[⑤]
流水下滩非有意，白云出岫本无心。
国不务大务民心，佐[⑥]不务多务贤俊。
万里江山万里尘，一朝天子一朝臣；
一朝天子一朝臣，这朝不用那朝人。
丹青不知老将至，富贵于我如浮云。[⑦]
不与贵比我不贱，不与富比我不贫。
读书旨在为黎庶，闭门忧国亦忧民。
宁为人间闲吟客，不作世上窃禄人。
但见几家贫又富，也见几家富又贫。
古人不见今时月，今月曾经照古人。
非人磨墨墨磨人，书读万遍始通神。
当官一日人问我，辞官一日我问人。
此曲只应天上有，人间能有几回闻？
山中尚有千年树，世上难逢百岁人。
只看后浪推前浪，当悟新人换旧人。
火不烧山地不肥，人不出言身不贵。
人有享不了的福，没有受不了的罪。
宰相家人七品官，君主舅子三公位。[⑧]
松排山面千层翠，月点江心一颗珠。
名重则与实难副，论高则与世常疏。

诸葛一生唯谨慎，吕端大事不糊涂[9]。
江南江北送君去，清风明月照相识。
江东弟子多才俊，卷土重来未可知！[10]
以身报国死如归，两鬓霜染不再黑。
劝君不用镌顽石，路上行人口似碑。
战退玉龙三百万，败鳞残甲满天飞。[11]
贤路当广不当窄，言路当开不当塞。
明主思短而益善，暗主护短而永黑。
流芳百世皆因善，遗臭万年恶为源。
每临天事有静气，不信今时无古贤。
公侯头上堪走马，宰相肚里能撑船。
忠臣欲说宫中事，鹦鹉前头不敢言。[12]
有理问得君王倒，有钱难买子孙贤。
儿时只知为官好，老来方知行路难。
德薄人不行善事，乱政者恶闻治言。
多储水无虑旱岁，广积粮不忧灾年。
眼里无珠不识宝，朝里有人好做官。
失一人而国家危，得一人而社稷安。
塞上长城空自许，镜中衰鬓已先斑。[13]
不作风浪于世上，但留清白在人间。
不患寡而患不均，不患贫而患不安。
愿得此身长报国，何须出入玉门关[14]。
发为胡笳吹作雪，心因烽火炼成丹。
位卑未敢忘忧国，事定犹须待盖棺。

经天纬地谓之文，勘定祸乱谓之武。

当官不为民作主，不如回家卖红薯。

防家二字盗与奸，传家二字耕与读，

守家二字勤与俭，倾家二字淫与赌。

法相因则事易成，事有渐则民不惊。[15]

留名早死即长寿，乐于贫者即富翁。

国仇未报壮士老，匣中宝剑夜有声。

富贵不淫贫贱乐，男儿到此是豪雄。

无限朱门生饿殍，几多寒舍出公卿。

以救时行道为贤，以犯颜直谏为忠。[16]

人生自古谁无死？留取丹心照汗青。

言不逆耳不为谏，仕不忘身不为忠。

乍富不知新受用，初贫难改旧家风。

燕雀焉知鸿鹄志，虎豹岂受羊犬欺。

洞若观火见事真，摧枯拉朽胜敌易。

读书品味忘身老，舞笔挥毫胜良医。

仁者在位仁者来，智者在位智者至。

仁者见之谓之仁，智者见之谓之智。

弟子不必不如师，师不必贤于弟子。

冰炭不同器而久，寒暑不兼时而至。

诗情犹如并刀快，剪得秋光入画来。[17]

僵卧孤村不自哀，尚思为国戍轮台[18]。

青萍一点微微发，千树万树连根拔。[19]

贤才有抑而未用，忠言有塞而未达。

春风得意马蹄疾，一日看尽长安花。
匹夫而为百世师，一言而为天下法。
江山不夜月千里，天地无私玉[20]万家。
善为射者不忘弓，善为上者不忘下。
家有孝子得和顺，国有贤臣得太平。
百姓多寒无可救，一身独暖是何情！
富贵不可压乡党，宰相回乡拜县丞。
忠厚自有忠厚报，豪强难免受官刑。
月落星稀天欲明，孤灯未灭梦难成。
割不断的中国结，理不尽的炎黄情。
但得将军能百战，不需天子筑长城。
死去原知万事空，但悲不见九州同[21]。
身既死兮神以灵，子魂魄兮为鬼雄。
谁怜爱国千行泪，说到胡尘意不平[22]。
六朝文物草连空，天淡云闲古今同。[23]
毁誉从来不可听，是非终归自分明。
奸佞与忠良之臣，形相似而心不同。
耕种收获须勤力，人间辛苦是三农。
野夫怒见不平事，磨损胸中万古刀。[24]
空嗟覆鼎误前朝，骨朽人间骂未消。
相贤则国家平治，相佞则父子不保。
治国以积贤为道，修身以积德为宝。
善恶到头终有报，只是来早与来迟。
筑大厦而选佳木，求美玉而择良石。

秋风萧瑟天气凉，草木摇落露为霜。
熟知不向边庭苦，纵死犹闻侠骨香。
清风两袖朝天去，免得闾里议短长。
自种自收还自足，不知尧舜是君王。
事如芳草春常在，人似浮云影不留。
尔曹身与名俱灭，不废江河万古流。
溪云初起日沉阁，山雨欲来风满楼。
欲知世事须尝胆，人情参透暗点头。
人情似纸张张薄，世事如棋局局新。
话到唇边留半句，纵是得理让三分。
逢人却说三分话，未可全抛一片心。
当时若不登高望，怎知东流海样深。
人生交友贵始终，多因升沉中路分。
画虎画皮难画骨，知人知面不知心。
不说自己绳索短，只怨别人掘井深。
穷居闹市无人问，富在深山有远亲。
有心栽花花不活，无心插柳柳成荫。
岂无远道思亲泪？不及高堂念子心。
当家方知柴米贵，养子才知父母恩。
昨日花开今日谢，百岁人有千岁心。
剖开顽石方知玉，淘尽泥沙始见金。
捂住火捂不住烟，堵住嘴堵不住心。
莫愁前路无知己，天下谁人不识君？[25]
假金方用真金镀，若是真金不镀金。

春宵一刻值千金，花有清香月有阴。
读书不觉已春深，一寸光阴一寸金。
嫦娥应悔偷灵药，碧海青天夜夜心。[26]
斑竹[27]一枝千滴泪，湘江烟雨不知春。
牵牛下水先湿脚，飞蛾投火自焚身。
山重水复疑无路，柳暗花明又一村。
等闲识得东风面，万紫千红总是春。
白马红缨彩色新，不是亲家莫攀亲。
高山流水变古今，人非交财诚交心。
近水楼台先得月，向阳花木早逢春。
才微易向风尘老，身贱难酬知己恩。
半部《论语》治天下，一篇箴言晓古今。
十分聪明用七分，留得三分给子孙。
一日之计在于晨，一年之计在于春；
一寸光阴一寸金，寸金难买寸光阴。
端州[28]石工巧如神，踏天磨刀割紫云。
世事茫茫难自料，清风明月冷看人。
马行无力皆因瘦，人不风流只因贫。
谁个背后无人说，哪个人前不说人？
龙欲升天待浮云，人欲仕进待中人。
三春过后诸芳尽，各人自寻各人门。
君子乐得做君子，小人枉自做小人。
不薄今人爱古人，清词丽句必为邻。
有酒有肉多兄弟，急难何曾见一人！

平生不做亏心事，世上应无切齿人。
晚节[29]渐于诗律细，新诗写罢自长吟。
心病终须心药治，解铃还须系铃人。
刑罚不能加无罪，邪枉不能胜正人。
劝君莫做守财奴，死去何曾带分文？
三十年前人寻病，三十年后病寻人。
一片晨露一片珠，一层山水一层人。
失意人逢失意事，新啼痕间旧啼痕。
落马摔伤尽骑手，水中淹死会水人。
阴来阴去下大雨，病来病去病死人。
不是无端悲怨深，直将阅历写成吟。
若知四海皆兄弟，何处相逢非故人？
大贤虎变愚不测，当年颇似寻常人。[30]
沉舟侧畔千帆过，病树前头万木春。
九州道路无豺虎，远行不劳吉日出。
非因果报方行善，岂为功名始读书。
今年笋子明年竹，少年体壮老年福。
有田不耕仓廪虚，有书不读子孙愚；
子孙愚兮岁月乏，仓廪虚兮礼义疏。
欲高门第须行善，要好儿孙必读书。
雨过横空千峰翠，霜落大野万叶枯。
两耳不闻窗外事，一心只读圣贤书。
踏破铁鞋无觅处，得来全不费功夫。
财富必从勤中得，志士当读五车书。

能言未必真君子，善处方为大丈夫。
人情似水分高下，世事如云任卷舒。
聪明却受聪明苦，呆人反享呆人福。
茫茫四海人无数，几个男儿是丈夫？
假作真时真亦假，无为有处有还无。
堪笑翰林陶学士，年年依样画葫芦[31]。
渴时滴水如甘露，醉后添杯不如无。
济人应济急时无，求人应求大丈夫。
一夜思量十年事，几人健在几人无？
酒肉朋友千个有，落难知音实难求。
历尽劫波兄弟在，相逢一笑泯恩仇。
天上下雨地上流，勤想多思事不愁。
欲上高楼去避愁，愁还随伊[32]上高楼。
抽刀断水水更流，举杯消愁愁更愁。
无益世言休开口，不关己事少出头。
路逢险处难回避，事到临头不自由。
不知筋力衰几许，但觉新来懒上楼。
出走几处江山改，几多亲友尽白头。
假戏也有真歌泣，骨肉非无假应酬。
横眉冷对千夫指，俯首甘为孺子牛[33]。
墙上画马不能骑，骆驼拉磨不如驴。
害人之心不可有，防人之心不可无。
农人锄不完的草，渔人打不尽的鱼。
一行书信千行泪，寒到身边衣却无。

身后有余忘缩手，眼前无路想回头。
人若见利不见害，如鱼见饵不见钩。
闺阁不知戎马[34]事，月高还上望夫楼。
小荷才露尖尖角，早有蜻蜓立上头。
月过十五光明少，人到中年万事休。
莫待是非来入耳，往日恩爱反成仇。
是非只因多开口，烦恼多因强出头。
到此已穷千里目，岂知才上一层楼。
儿孙自有儿孙福，不为儿孙做马牛。
苟全性命于乱世，不求闻达于诸侯[35]。
受恩深处宜先退，得意浓时便可休。
留得五湖明月在，不愁无处下金钩。
山僧不知旧甲子[36]，一叶落知天下秋。
今朝有酒今朝醉，明日愁来明日忧。
人生七十古来稀，珍爱桑榆话春秋。
匠心一片磁针石，不指南方未肯休。
悠然尽享天伦乐，无限风光眼底收。
为人性僻耽佳句，语不惊人死不休。
物之有成必有坏，人之有生必有死。
故书不厌百回读，熟读深思子自知。
道逢侠客须呈剑，不是人才莫献诗。
十年寒窗无人问，一举成名天下知。
苟利国家生死以，岂因祸福避趋之！
说我好者当提防，道我非者是我师。

入门休问荣枯事，但看容颜便可知。
车到山前必有路，路到桥头自然直。
竹外桃花三两枝，春江水暖鸭先知。
勿以善小而不为，勿以恶小而为之。
六十年来妄学诗，功夫深处独心知。
夜来一哭寒灯下，始是金丹换骨时[37]。
节回岁晚冰霜少，春到人间草木知。
假缎染成真红色，总被别人说是非。
人生似鸟同林宿，大限[38]一来各自飞。
牧童归去横牛背，短笛无腔信口吹。
家庭不和邻里欺，邻里不和生是非。
春水船如天上坐，老年花似雾中看[39]。
蚕事正忙农事急，不知春色为谁艳。
技艺精湛凭熟练，知识渊博出经验。
人不可以苟富贵，亦不可以徒贫贱。[40]
日中有钱人所羡，日夕饿死谁人怜？
光棍收心饿死狗，浪子回头金不换。
人情冷暖实可憎，世态炎凉人生厌。
新姜不如老姜辣，一人难结万人缘。
好言一语三冬暖，话不投机六月寒。
知音说与知音听，不是知音莫与谈。
谗言败坏真君子，美色易毁无德男。
书有未曾经我读，事无不可对人言。
书到用时方恨少，事非经过不知难。

日出江花红胜火，春来江水绿如兰。
光阴似箭催人老，日月如梭追少年。
天作棋盘星作子，地为琵琶路为弦。
学书以正楷为难，正楷以小楷为难。
世上若要人情好，赊去货物不取钱。
好戏不厌百回演，上台容易下台难。
屏风有意障明月，灯火无情照无眠。
雨里深山雾里烟，看花容易绣花难。
饥饿吃糠甜如蜜，不饿吃蜜也不甜。
少年只知千般好，老来方知行路难。
从来好事天生俭[41]，自古瓜儿苦后甜。
老来行路总愁远，贫穷当家方觉难。
树高千尺不忘根，水流千里总有源。
成事在理不在势，服人以诚不以言。
云漫漫兮白日寒，天荆地棘行路难。
才了蚕桑又插田，稻花香里说丰年。
文章犹得山河助，但觉前贤畏后贤。
但抒真情写实景，任他埋没与流传。
学书工拙何所计！名世不难传世难。
谁挥鞭策驱四运[42]，万物兴谢皆自然。
采得百花成蜜后，为谁辛苦为谁甜？
枯木逢春犹再发，人老永不再少年。
阳春白雪和[43]者寡，高山流水知音难。
退一步行安乐法，说三个好喜欢缘。

有钱常想无钱日，莫到无钱想有钱。
种了北山种南山，相助力耕岂有偏；
愿得人间皆似我，也应四海无闲田。
桑条无叶土生烟，丝管迎龙水庙前；
朱门[44]几处按歌舞，犹怨春阴咽管弦。
菊花纵谢犹堪惜，秋叶虽红不耐观。
新松恨不高千尺，恶竹应须斩万竿！
老年悲秋强自宽，兴来佳日尽君欢。
早岁哪知世事艰，中原北望气如山。
黄河落天走东海，万里写入胸怀间。
爱好由来落笔难，一诗千改始心安。
春花秋月冬冰雪，不听陈言只听天[45]。
用心计较左右错，退步思量天地宽。
春蚕到死丝方尽，蜡炬成灰泪始干。
无事不登三宝殿，有钱难买一身安。
屋大不如气量大，房宽不如心胸宽。
流水淘沙不暂停，前波未灭后波生。
黑发不知勤学早，转眼便是白头翁。
卧看满天云不动，不觉我与云俱东。
天有昼夜与阴晴，人有祸福与吉凶。
日照窗前总留影，墙打百板也透风。
近寺人家易见僧，外来和尚好念经。
万里无云下大雨，树梢不动刮大风[46]。
任你东西南北风，咬定青山不放松。

早起三晨当一工，常省一勺成千钟。[47]
君子人穷志不穷，以义取财图振兴。
丈夫未可轻少年，宣父犹能畏后生[48]。
桐花万里丹山路，雏凤清于老凤声。
下笔则烟飞云动，落纸则鸾飞凤惊。
文章自出成一家，掷地当作金石声。
以镜自照见形容，以人自照知吉凶。
细雨湿衣看不见，闲花落地听无声。
聪明反被聪明误，灾祸多从错处生。
为人不做亏心事，半夜敲门心不惊。
金银财宝身外物，争来争去一场空。
古人唱歌亦唱情，今人唱歌唯唱声。
东方不亮西方亮，一理通后百理通。
屋漏最怕连夜雨，行船犹忌顶头风。
板凳宁坐十年冷，文章不写半句空。
兄弟姊妹一母生，遇事相让不相争。
良药苦口利于病，忠言逆耳利于行。
年年岁岁花相似，岁岁年年人不同。
有缘千里来相会，无缘咫尺不相逢。
纸上得来终觉浅，绝知此事在躬行。
只有和气求和顺，哪有相打得太平。
莫因小怨动声色，人生何处不相逢？
察察者有所不见，恢恢者有所不容。[49]
友如作画须求淡，山似文章不喜平。

晓月当帘挂玉弓，寻章摘句老雕虫。[50]
时人莫小池中水，池水虽浅有卧龙。
明者远见于未荫，智者避祸于未形。
天长路远魂飞苦，此时此夜难为情。
红颜未老恩先断，斜倚熏笼坐到明。
天籁[51]自鸣天趣足，好诗不过近人情。
不畏浮云遮望眼，只缘身在最高层。
雪消门外千山绿，花发江边二月红。
还是旧时游上苑，车如流水马如龙。
一举首登龙虎榜，十年身到凤凰池。[52]
念念有如临敌日，心心常似过桥时。
马坠深渊收缰晚，船到江心补漏迟。
人情莫道春光好，只怕秋来有冷时。
牡丹花好空入目，枣花虽小结成实。
成事每在穷苦日，败事多在得意时。
廉吏不饮贪泉水，志士不受嗟来食[53]。
好酒当饮微醉止，艳花看到半开时。
雪里高山白头早，海中仙果子生迟。
常将有日思无日，莫到无时想有时。
闲梳白发对残阳，满眼儿孙身外事。
忆君心似西江水，日夜东流无歇时。
大人不把小人怪，死马当作活马医。
常将冷眼观螃蟹，看你横行能几时！
事能知足心常惬，人到无求品自高。

入山不怕伤人虎，只怕人情两面刀。
利刀割体伤犹合，恶语伤人恨不消。
吃辣未必能当家，响鼓不用重锤敲。
无求到处人情好，不饮任他酒价高。
不知细叶谁裁出，二月春风似剪刀。
你走你的阳关道，我过我的独木桥。
公道世间唯白发，贵人头上不曾饶。
世事洞明皆学问，人情练达即文章。
各人吃饭各人饱，好汉做事好汉当。
贫无达士将金赠，病有高人说药方。
马革裹尸英雄事，纵死终令汗竹香。[54]
清清之水为土防，济济之士为酒伤。
各人自扫门前雪，莫管他人瓦上霜。
龙归晚洞云犹湿，鹿过春山草木香。
鸟近黄昏皆绕树，人到暮年思故乡。
别人求我三春雨，我求别人六月霜。
苦恨年年压金线，为他人作嫁衣裳。
画水无风空作浪，绣花虽美不闻香。
意少一字则义阙，句少一言则辞伤。
鸟恋旧林马恋槽，人行千里思故乡。
秋至满山多秀色，春来无处不花香。
大风吹倒梧桐树，自有旁人论短长。
从今认得归田乐，何必桃源是故乡[55]。
处事让人非我弱，平生守己任他强。

一片水光飞入户，千竿竹影乱登墙。
但愿众生皆温饱，不辞老病卧残阳。
请君试问东流水，别意与之谁短长？
但见丹诚赤如血，谁知伪言巧似簧。
瓦罐常在井上破，将军常在阵前亡。
跻攀分寸不可上，失势一落千丈强。
失聪不怕轰雷响，死猪不怕开水烫。
草上露水瓦上霜，风里点灯不久长。
浮云柳絮无根蒂，天阔地远随飞扬。
风翻白浪花千片，雁飞青天字一行。
乍阴乍晴花自落，闲愁闲闷日偏长。
人心不足蛇吞象，蚍蜉撼树不自量。
死犹未肯输心去，贫亦岂能奈我何？[56]
聪明得福人间少，侥倖成名世上多。
昨日屋头堪炙手，今日门外好张罗。[57]
巧用不在家豪富，风流不在着衣多。
莫见长安行乐处，空令岁月易蹉跎。
多年大道走成河，多年媳妇熬成婆。
酒逢知己千杯少，话不投机半句多。
恶人自有恶人磨，磨得恶人没奈何。
知事少时烦恼少，知事多时烦恼多。
龙困浅滩遭虾戏，虎落平阳被犬欺。
天长地久有时尽，此恨绵绵无绝期。
中原父老望旌旗，南渡君臣轻社稷。[58]

君子之交淡如水，小人之交甘如醴。

情以物性义明雅，物以情观词巧丽。

水流千里归大海，人转千遭归家来。

子规夜半犹啼血[59]，不信东风唤不回。

昔日戏言身后事，今朝都到眼前来。

我有迷魂招不得，雄鸡一唱天下白。

四山旗似晴霞卷，万马蹄如骤雨来。

才有限而道无穷，心欲言而口不逮[60]。

春色满园关不住，一枝红杏出墙来。

尽管狂风呼呼刮，山不动来地不塌。

什么树开什么花，什么藤结什么瓜。

狐狸藏不住尾巴，狗嘴吐不出象牙。

泥人经不起雨打，谣言经不起调查。

三字误人“晚不了”，一声坏事“怕什么”。

庭院古树栖暮鸦，冷露无声湿桂花。

人言日落是天涯，望断天涯不见家。

黄梅时节家家雨，青草池塘处处蛙。

不是花中偏爱菊，此花开后更无花。

根深不怕风摇动，树直不患月影斜。

谁将平地千堆雪，剪刻作此连天花。

强中自有强中手，莫向人前漫自夸。

玉骨冰肌梅清奇，国色天香牡丹花。

春城无处不飞花，寒食东风御柳斜[61]。

日暮汉宫传蜡烛，轻烟散入五侯家。

枝上柳絮吹又少，天涯何处无芳草。
世上岂无千里马，人中难得九方皋[62]。
酒不醉人人自醉，春风吹花花自开。
无可奈何花落去，似曾相识燕归来。
人意共怜花月满，花好月圆人又散。
忽然一曲称君心，破却中人百家产。
自去自来梁上燕，相亲相近水中鸥。
当闭口时且闭口，得放手时须放手。
大鹏一日同风起，扶摇直上九万里。
国不兴无事之功，家不藏无用之器。

注释

①俊杰：才高出众。昧：看不清或不明事理。先兆：事物的征兆。圣哲：最高典范的人物。

②北邙、玉垒：山名。冢(zhǒng 肿)：隆起的坟墓。

③词源：文词来源，此指文思。笔阵：笔法阵势，此指行文气势。上句说文思浩瀚，如三江之水。下句说书势纵横，若独扫千军。

④丹铅：丹砂和铅粉，古代校勘书籍时用，此指斤斤于字句。风雷老将心：叱咤风云的老将情怀。

⑤炙手可热：热得烫手，形容权贵气焰极盛。绝伦：无比。丞相：特指唐玄宗时杨贵妃的堂兄右相杨国忠。嗔：生气责怪。

⑥佐：辅助，帮助，如辅佐。

⑦丹青：绘画。前句说，某人一生耽于绘事，不觉年已将老。

⑧家人：仆人。三公位：指朝中的高级命官。

⑨吕端（935～1000年）北宋大臣，至道元年（995年）继吕蒙正为相，宋太宗赞其“小事糊涂，大事不糊涂”。

⑩此二句说，江东是有人才的，项羽若回到江东组织人马，说不定还会卷土得来呢。

⑪玉龙：形容飞雪。败鳞残甲：形容雪片乱舞如鳞甲之片纷纷坠落。

⑫此两句意为，忠诚的臣子想直说宫中丑事，又恐身边佞臣鹦鹉学舌，故不敢直言。

⑬塞上长城：南朝刘宋大将檀道济抗击北魏侵扰多次取胜，自比万里长城。空息许：白白地以塞上长城自许。

⑭玉门关：汉武帝置。因西域输入玉石取道于此而得名。汉唐时西北重要防地，即今甘肃玉门。

⑮相因：相因循。渐：循序渐进。惊：惊恐。

⑯救时：挽救时困。犯颜：敢于冒犯上司的威严。

⑰并刀：剪刀。并州：古“九州”之一。汉置，隋改太原。并州以产剪刀名世，故称其剪刀为并刀。卷：诗卷。

⑱轮台：汉代西域地名（今新疆轮台县）。此指边疆。

⑲青萍：浮萍。和：连。两句意为，微风起于青萍之末，待其增大之后却可以将好多大树连根拔起。

⑳玉：喻白雪。

㉑九州同：全国统一。

㉒胡尘：胡人兵马所扬起的尘土；借指异族侵扰。

㉓六朝：东吴、东晋、宋、齐、梁、陈。此两句说，六朝文物早已不见，而风景依旧。

㉔野夫：作者自称。磨损句谓，遇见不平之事只能空怀胸中之志而不能伸张正义。

㉕前路：未来时日。君：据说指唐玄宗时琴师董大。

㉖偷灵药：神话传说，嫦娥偷吃了后羿的灵丹妙药，奔月成仙。意谓，嫦娥在月宫中夜夜孤独地面对碧海青天，一定会后悔当年偷吃灵药。

㉗斑竹：又称"斑妃竹"。传说，尧之二女，舜之二妃，曰湘夫人；舜崩，二妃啼，以涕挥竹，竹尽斑。

㉘端州：隋置，以境内端溪得名。今属广东省肇庆市。以产砚名世，称"端砚"，而以产于斧柯山者为最佳。

㉙晚节：晚年。

㉚大贤虎变：大人物处世的屈伸变化。愚：普通人。不测：不曾料到。

㉛翰林陶学士：这是陶穀自嘲，曾为翰林院学士。这是两句讽刺诗，说官吏都是依样画葫芦，不求进取。

㉜伊：他或她。

㉝鲁迅诗句。孺子牛：比喻做人民的"牛"，甘心情

愿，勤勤恳恳，鞠躬尽瘁，死而后已。

㉞戎马：战事。

㉟苟全：姑且保全。闻达：闻名显达。诸侯：我国商周时帝王分封的列国君主的总称。

㊱甲子：指年月。

㊲夜来一哭：唐代贾岛有“一吟双泪流”的诗句，形容作诗苦苦思索，饱含艰辛。金丹换骨：传说有道家炼成金丹，服后可使人脱胎换骨，比喻作诗磨炼之深。

㊳大限：死期。

㊴天上坐：春天水涨，人坐舟中起伏不定，如在天上云间。雾中看：年老眼昏，看花犹似隔着一层薄雾。

㊵苟：不正当。徒：听任。

㊶俭：贫乏，引申为困难。

㊷四运：春夏秋冬四季。

㊸和(hè 贺)：①跟着唱，声音相应。如，一唱一和，随风附和。②依照别人诗词题材、格律而写的诗词，如和诗。

㊹朱门：红漆大门，指豪华富贵之家。

㊺听：顺从。陈言：古书中用过的陈词滥调。天：大自然。

㊻意为自然界的雨和风，同样遵循物极必反的规律。

㊼当：抵得上。一勺：很少的一点点。千钟：钟，酒杯，形容很多。

㊽宣父：孔子。《论语·子罕》载孔子语："后生可畏，焉知来者之不如今也。"

㊾察察：分析事物很能明辨是非。恢恢：心胸宽广。容：宽容。

㊿玉弓：弯月形的弓。老雕虫：老死于寻章摘句的雕虫小技之中。两句意为，一辈子的光阴都在寻章摘句的雕虫小技中度过，天天都要写作到晓月当空时才休息。

51天籁：自然界的音响。两句意谓，强调作诗要自然天成，反对人工雕饰。

52龙虎榜：旧时乡试中举者的名榜。凤凰池：旧诗文中常以凤凰池比喻宰相职位。

53嗟来食：侮辱性的施舍。

54马革裹尸：用马皮包裹尸体。汗青：或称"汗简"，古代人们把历史写在竹简上时，以火炙青竹至冒"汗"，使之既易于书写，又可免蛀虫。后称历史为"汗青"。

55桃源：东晋陶渊明在《桃花源记》中所描绘的世外桃源。

56输心：内心屈服。两句意谓，死也不能让我屈服，贫穷也拿我没有办法。

57炙手：烫手，形容势焰盛大。张罗：张网捕雀，形容冷清无人。

58南渡君臣：宋高宗赵构及臣下南渡长江，不思抗金。社稷：国家。旌旗：借指南宋军队。

(59)子规：即杜鹃鸟。据传，杜鹃悲鸣时口中出血。

(60)逮(dài 代)：及，如力所不逮。

(61)寒食：古代传统节日，清明前两天家家禁火，故名“寒食”。

(62)九方皋：古代善相马的人，后来用以比喻善于识别人才的人。

附　录

一、子张赞歌

——献给先祖颛孙子张 2518 周年华诞

五颂先祖

一

颛帝裔孙，源远流长。
强传六世，姜生子张。
资质宽厚，才高容庄。
师从宣尼，杏坛增光。

二

自陈至鲁，负笈百里。
天资聪颖，高师启迪。
六艺精进，紧步圣迹。

孜孜以求，儒学真谛。

三

至圣垂训，援笔书绅。

通透仁礼，忠信是遵。

学以干禄，严以修身。

弘德扬道，圣教弥新。

四

容众尊贤，见得思义；

见危致命，凛然正气。

舍身忘我，为民立极。

浑厚执德，感天动地。

五

历代封赠，宛侯陈公。

八儒居首，烂若明星。

十哲之一，儒林巨松。

千载仰慕，万古长青。

颛孙子张七十三代裔

颛孙振亮（今名孙效东）

乙未年正月十三日

顓孫家譜

始祖十哲先賢子張像

子張章服像

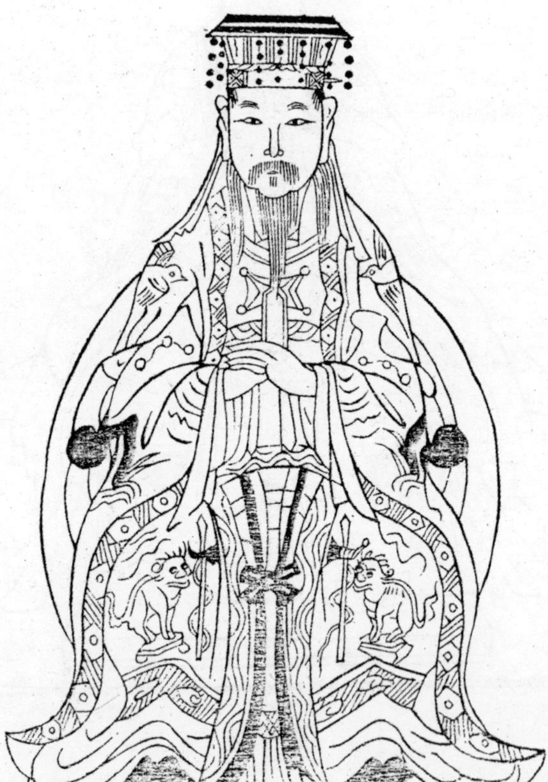

二、历代帝王封秩

唐玄宗开元二十七年，诏封孔子弟子颛孙师为陈伯。

宋真宗咸平三年十一月，追封陈伯颛孙师为宛丘侯。

宋徽宗政和元年六月二十七日，奉诏封宛丘侯颛孙师为颍川侯、瑕丘侯。

宋度宗咸淳三年春正月，诏以著述功多封颛孙师为陈国公，升十哲位。

元文宗至顺元年闰七月戊申，封颛孙师为陈国公，十哲位。

明嘉靖十年，诏称颛孙师为：先贤颛孙子张子。

（见明代隆庆《颛孙家谱》，第25～26页）

三、子张年谱

一岁。

二岁。

三岁。

四岁。

五岁。

六岁。在陈。与群儿嬉，即容貌端肃，气象不凡，群儿惮之，乡人奇之。

七、八岁。谨弟子之职，《诗》《书》、六艺皆通习之。

九岁。独切见圣之思，常怀师圣之志。

十岁。见季札墓石，相传为孔子所笔也，乃学书于墓石上。旬日之间，点画形象尽肖孔氏。

十一岁。请见孔子，遂师之。事师如事父。是岁，周敬王二十六年，鲁定公薨，哀公立。因问高宗谅阴，云云。

十二岁。因孔子思善人，因问善人之道。

十三岁。因孔子之抑，亦先觉是贤，故问明。

十四岁。因孔子德不修之忧，又曰，知者不惑。故问崇德辨惑。

十五岁。是岁，楚昭王来聘孔子。孔子年六十二，往拜礼焉。道经陈、蔡。陈、蔡乃发兵于野，不得行，绝粮七日，使子贡至楚。楚昭王兴师迎孔子，然后得免。

十六、十七岁。问行，问达。孔子以其有干禄之心，乃曰“多闻阙疑”云。

十八岁。鲁哀公九年。是岁，孔子夫人亓卒。

十九岁。归告于父母，而娶焉。将行，因问：“愿闻一言以为修身之本云?”

二十岁。是岁，周敬王三十六年，鲁哀公十一年。孔子在卫，齐田常为乱，而惮高国、鲍晏，因欲移其兵以伐鲁。孔子闻之，会诸弟子而告之曰：“夫鲁坟墓所在，父母之国，不可不救。二三子谁为使?”子路请行，夫子止之。子张与子石请行，夫子弗许。子贡请行，夫子使焉。子贡一出，存鲁乱齐，破吴疆，晋而伯越。

二十一岁。因堂堂难能之讥，孔子亦尝以群语之故，问仁人，问令尹子，问陈文子之行，以考其仁。

二十二岁。是岁，鲁哀公馆孔子。时孔子受端门之命，制《春秋》之义，使子夏、子张等十四人求周史记，得百二十国宝书周史。而言宝书者，宝者保也，以其可世世传保，以为戒也。

二十三岁。周敬王三十九年，鲁哀公十四年春，西狩于大野，获麒麟，折其前左足。冉求、子羔、子张、子游、子贡等从孔子往观之。子曰：“麟之生为明。王也今衰，周将灭，天下无王，胡为来哉？胡为来哉?”反袂拭面，涕泣沾襟。泣曰：“予之于人，犹麟之于兽也，麟出而死，吾道穷矣！”子歌曰：“唐虞世兮麟凤游，今非其时来何求？麟兮，麟兮，我心忧。”《春秋》由是不作。是岁，申详生。

二十四岁。

二十五岁。哀公十六年，子路死于卫。子张曰“士见危授命”云云。盖有感于子路而言也。见危授命，为死于卫也；见得义思，为车裘与共，不忮不求也。祭思敬，子路与祭，室事交于户，堂事交与阶者，是也。丧思哀，为子路尝曰：“伤哉，贫也，生无以为养，死无以为礼也。”夫子曰：“由也，可谓生事尽孝，死事尽思者也。”

二十六岁。夏四月，乙丑十八日。孔子寝疾，七日而终。葬于鲁城北泗水上。弟子皆居墓上，服丧三年，然后归。

二十七岁。在孔子墓上。

二十八岁。在孔子墓上。

二十九岁。思孔子不得见，与子夏、子游等，以有若似夫子，乃共立为师。他日，弟子进问，曰："昔夫子当行，使弟子持雨具；已而，果雨。"弟子问，曰："夫子何以知之?"子曰："《诗》不云乎？月离于毕，俾滂沱矣。昨暮，月不宿毕乎?"他日，月宿毕，竟不雨。商瞿年长无子，其母为娶室，孔子使之齐，瞿然请之。孔子曰："无忧，瞿年四十，后当有五丈夫子。"已而，果然，夫子何以知此有子，默然无以应。弟子起曰："有子避之，此非子之座也。以有子之博学强识，好古道，又在圣人之门，而不免有所不知也。后之学者，所知能几何？而好为人师，吾见其数窘于问矣。"

三十岁。

三十一岁。周元王元年，哀公二十二年。自孔子没，致任归后，复挟桧数株，树于孔子墓上。

三十二岁。己巳八月初二日，母卒。

三十三岁。庚午十二月二十七日，父卒。因与子游议丧具，子游曰："吾闻诸，夫子曰：'丧具称家之有无，丧礼与其哀不足而礼有余也，不若礼不足而哀有余也。'"信如夫子丧致乎哀，而止。

三十四岁。齐衰。

三十五岁。齐衰。

三十六岁。齐衰。

三十七岁。是岁,哀公欲以越伐鲁而去三桓,至为三桓所败。因逊于邾,乃遂如越,寻卒。子张曰:"夫子曰:'季孙之忧,不在颛臾,而在萧墙之内也。'"子贡曰:"君其不利于鲁乎?信不诬也。"

三十八至五十五岁。著绩当时,而不自以为功,身在高位而不自处于佚。

五十八至五十九岁。叙《鲁论》《礼记》,弟子日益众多,子夏门人,问交焉。

六十岁。

六十一岁。

六十二岁。

六十三岁。

六十四岁。

六十五岁。

六十六岁。周考王五年,甲辰三月初三日,颛孙子卒。葬萧县南三十五里堀坊村西,今属徐州,隶古彭城郡,在鲁地七百里之中。

(见明代隆庆《颛孙家谱》,第 47～53 页)

四、《论语》与子张

按语：此处摘录的是《论语》中有关子张的章节原文。“译文”参考了思履先生主编的《论语译注》(中国华侨出版社 2013 年版)，稍有改动。读者阅读时，可加以对照。

——编者

1. 子张学干禄。子曰：“多闻阙疑，慎言其余，则寡尤；多闻阙殆，慎行其余，则寡悔。言寡尤，行寡悔，禄在其中矣。”

(《论语·为政》)

译文：子张请教求得官职俸禄的方法。孔子说：“多听，把不明白的事情放到一边，谨慎地说出那些真正懂得的，就能少犯错误；多观察，不明白的就保留心中，谨慎地实行那些真正懂得的，就能减少事后懊悔。言语少犯错误，行动很少后悔，自然就有官职俸禄了。”

2. 子张问：“十世可知也？”子曰：“殷因于夏礼，所损益，可知也；周因于殷礼，所损益，可知也；其或继周者，虽百世，可知也。”

(《论语·为政》)

译文：子张问：“今后十代的礼制现在可以预知吗？”孔子说：“殷代承袭夏代的礼制，其中废除和增加的内容是可以知道的；周代继承殷代的礼制，其中废除和增加的内容，也是可以知道的。那么以后如果有继承周朝的朝代，就是在一百代以后，也是可以预先知道的。”

3. 子张问曰：“令尹子文三仕为令尹，无喜色；三已之，无愠色。旧令尹之政，必以告新令尹。何如？”子曰：“忠矣。”曰：“仁矣乎？”曰：“未知，焉得仁？”“崔子弑齐君。陈文子有马十乘，弃而违之。至于他邦，则曰：‘犹吾大夫崔子也。’违之。之一邦，则又曰：‘犹吾大夫崔子也。’违之，何如？”子曰：“清矣。”曰：“仁矣乎？”曰：“未知，焉得仁？”

《论语·公冶长篇》

译文：子张问道：“楚国的令尹子文三次担任令尹的职务，没有显出高兴的样子；三次被罢免，也没有怨恨的神色。他当令尹时的政事，一定交代给下届接位的人。这个人怎么样？”孔子说：“可算得上对国家尽忠了。”子张问：“算得上有仁德吗？”孔子说：“不知道，这怎么能算仁德呢？”（子张又问：）“崔杼杀了齐庄公。陈文子有四十匹马，他都丢弃不要，就离开了。到了另一个国家，说‘这里的执政者和我国的崔子差不多’，又离开了。再到了一国，说‘这里的执政者和我国的崔子差不多’，还是离开了。这人怎么样？”孔子说：“很清高。”子张说：“算得上有仁德吗？”孔子说：“不知道，这怎么能算有仁德呢？”

4. 子张问善人之道。子曰:“不践迹,亦不入于室。”

(《论语·先进》)

译文:子张问成为善人的途径。孔子说:“不踩着前人的脚印,做学问也做不到家。”

5. 子张问明。子曰:“浸润之谮,肤受之愬,不行焉,可谓明也已矣。浸润之谮,肤受之愬,不行焉,可谓远也已矣。”

(《论语·颜渊》)

译文:子张问什么是明智。孔子说:“逐渐渗透的谗言,切身感受的诽谤,在你这儿都行不通,就可以称得上明智了。逐渐渗透的谗言,切身感受的诽谤,在你这里都行不通,就可以说是有远见了。”

6. 子张问崇德、辨惑。子曰:“主忠信,徙义,崇德也。爱之欲其生,恶之欲其死;既欲其生,又欲其死,是惑也。‘诚不以富,亦祇以异’。”

(《论语·颜渊》)

译文:子张向孔子请教怎样提高品德修养和辨别是非的能力。孔子说:“以忠厚诚实为主,行为总是遵循道义,这就可以提高品德。对于同一个人,爱的时候希望他长期活下去;厌恶的时候,又希望他死去。既要他长寿,又要他短命,这就是迷惑。‘这样对自己实在是没有益处,也只能使人感到奇怪罢了’。”

7. 子张问政。子曰:“居之无倦,行之以忠。”

(《论语·颜渊》)

译文:子张问怎样治理政事。孔子说:“居于官位不懈怠,执行君令要忠实。”

8. 子张问:“士何如,斯可谓之达矣?”子曰:“何哉,尔所谓达者?”子张对曰:“在邦必闻,在家必闻。”子曰:“是闻也,非达也。夫达也者,质直而好义,察颜而观色,虑心下人。在邦必达,在家必达。夫闻也者,色取仁而行违,居之不疑。在邦必闻,在家必闻。”

(《论语·颜渊》)

译文:子张问道:“士要怎么样才能说是通达了?”孔子说:“你所说的通达是什么呢?”子张回答说:“在诸侯的国家一定有名声,在大夫的封地一定有名声。”孔子说:“这是有名声,不是通达。通达的人,本质正直而喜爱道义,体会别人的话语,观察别人的脸色,时常想到对别人谦让。这样的人在诸侯的国家一定通达,在大夫的封地也一定通达。有名声的人,表面上要实行仁德而行动上却相反,以仁人自居而毫不迟疑。他们在诸侯的国家一定虚有其名,在大夫的封地也一定虚有其名。”

9. 子张曰:“《书》云:‘高宗谅阴,三年不言。’何谓也?”子曰:“何必高宗,古之人皆然。君薨,百官总已以听于冢宰三年。”

(《论语·宪问》)

译文:子张说:"《尚书》上说:'殷高宗守丧,三年不谈政事。'这是什么意思?"孔子说:"不只是殷高宗,古人都是这样。国君死了,所有官员都各司其职,听从冢宰的命令长达三年。"

10. 子张问行。子曰:"言忠信,行笃敬,虽蛮貊之邦,行矣;言不忠信,行不笃敬,虽州里,行乎哉?立,则见其参于前也;在舆,则见其倚于衡也。夫然后行。"子张书诸绅。

(《论语·卫灵公》)

译文:子张问怎样才能处处行得通。孔子说:"言语忠实诚信,行为笃厚恭敬,即使到了边远地区,也能行得通。言语不忠实诚信,行为不笃厚恭敬,即使在本乡本土,能行得通吗?站立时,就好像看见'忠实、诚信、笃厚、恭敬'的字样直立在面前;在车上时,就好像看见这几个字靠在车前横木上,这样才能处处行得通。"子张把这些话写在衣服大带上。

11. 师冕见,及阶,子曰:"阶也。"及席,子曰:"席也。"皆坐。子告之曰:"某在斯,某在斯。"师冕出。子张问曰:"与师言之道与?"子曰:"然,固相师之道也。"

(《论语·卫灵公》)

译文:师冕来见孔子,走到台阶边,孔子说:"这儿是台阶。"走到坐席边,孔子说:"这是坐席。"大家都坐下后,孔子告诉他说:"某人在这里,某人在这里。"师冕告辞后,子张问道:"这是和盲人乐师言谈的方式吗?"

孔子说:“是的,这本来就是帮助盲人乐师的方式。”

12. 子张问仁于孔子。孔子曰:“能行五者于天下,为仁矣。”“请问之。”曰:“恭,宽,信,敏,惠。恭则不悔,宽则得众,信则人任焉,敏则有功,惠则足以使人。”

(《论语·阳货》)

译文:子张向孔子问仁。孔子说:“能够在天下实行五种美德,就是仁了。”子张问:“请问是哪五种?”孔子说:“恭敬,宽厚,诚信,勤敏,慈惠。恭敬就不会招致侮辱,宽厚就会得到众人的拥护,诚信就会得到别人的任用,勤敏则会取得功绩,慈惠就能够使唤人。”

13. 子张曰:“士见危致命,见得思义,祭思敬,丧思哀,其可已矣。”

(《论语·子张》)

译文:子张说:“士人看见危险肯献出生命,看见有利可得就想想是否合乎义,祭祀时想到恭敬,服丧时想到悲痛,这也就可以了。”

14. 子张曰:“执德不弘,信道不笃,焉能为有,焉能为亡。”

(《论语·子张》)

译文:子张说:“执行德却不能弘扬它,信奉道却不笃定,(这样的人)到底该算有道、行道之人还是不算呢?”

15. 子夏之门人问交于子张。子张曰:“子夏云何?”对曰:“子夏曰,可者与之,其不可者拒之。”子张曰："异乎吾所闻：君子尊贤而容众，嘉善而矜不能。我之大贤与，于人何所不容？我之不贤与，人将拒我，如之何其拒人也？"

（《论语·子张》）

译文：子夏的学生向子张请教怎样交朋友。子张反问："子夏说了什么呢？"子夏的学生回答说："可以交往的就和他交往，不可以交往的就拒绝他。"子张说："这和我所听到的不一样！君子尊敬贤人，也能够容纳众人；既能称赞好人，又能怜悯没能力的人。如果我是个很贤明的人，对别人有什么不能容纳的呢？如果我不贤明，别人就会拒绝我，我怎么去拒绝别人呢？"

16. 子游曰："吾友张也为难能也，然而未仁。"

（《论语·子张》）

译文：子游说："我的朋友子张是难能可贵的了，然而还没有达到仁的境界。"

17. 曾子曰："堂堂乎张也，难与并为仁矣。"

（《论语·子张》）

译文：曾子说："仪表堂堂的子张啊，很难和他一起做到仁。"

18. 子张问于孔子曰："何如斯可以从政矣？"子曰："尊五美，屏四恶，斯可以从政矣。"

子张曰："何谓五美？"子曰："君子惠而不费，劳而不怨，欲而不贪，泰而不骄，威而不猛。"

子张曰："何谓惠而不费？"子曰："因民之所利而利

之，斯不亦惠而不费乎？择可劳而劳之，又谁怨？欲仁而得仁，又焉贪？君子无众寡，无小大，无敢慢，斯不亦泰而不骄乎？君子正其衣冠，尊其瞻视，俨然人望而畏之，斯不亦威而不猛乎？”

子张曰：“何谓四恶？”子曰：“不教而杀谓之虐；不戒视成谓之暴；慢令致期谓之贼；犹之与人也，出纳之吝，谓之有司。”

（《论语·尧曰》）

译文：子张向孔子问道：“怎样才可以治理政事呢？”孔子说：“推崇五种美德，摒弃四种恶政，这样就可以治理政事了。”

子张说：“什么是五种美德？”孔子说：“君子使百姓得到好处却不破费；使百姓劳作却无怨言；有正当的欲望却不贪求，泰然自处却不骄傲；庄严有威仪而不凶猛。”

子张说：“怎么样使百姓得到好处却不破费呢？”孔子说：“顺着百姓想要得到的利益创造条件让他们得到，这不就是使百姓得到好处却不破费吗？选择百姓可以劳作的时间去让他们劳作，谁又会有怨言呢？想要仁德并努力去实践就能得到仁德，还贪求什么呢？无论人多人少，无论势力大小，君子都不怠慢，这不就是泰然自处却不骄傲吗？君子衣冠整洁，目不斜视，态度庄重，庄严的威仪让人一望而生敬畏之情，这不就是庄严有威仪而不凶猛吗？”

子张说:“什么是四种恶政?”孔子说:“不进行教化就杀戮叫做虐;不加申诫便强求别人做出成绩叫做暴;起先懈怠而又突然限期完成叫做贼;好比给人财物,出手吝啬叫做小家子气的官吏。”

跋

当拙编《醒世箴言》面世之际，编者百感交集。一是想到，在整理编写过程中，朋友们给予了太多的热情支持和激励；二是想到，自己数十年来对箴言的寸累铢积和学习领悟，终于得以回报社会。真是心潮起伏，感慨万千！

余对箴言的喜爱，当溯自幼年时节。因先父为旧时塾师，便自幼得益于庭训：尚未入塾，已在严父训导之下，先后读完了《三字经》《百家姓》《千字文》以及《弟子规》《朱子家训》等系列蒙学读本；待到遵规七岁入塾时，便直接继读《龙文鞭影》《山西杂志》《幼学琼林》和"四书""五经"了。可惜，刚读完《诗经》，即因日寇侵华战乱而辍学。此后，余便乱中求静，将所学蒙本中的"箴言""警句"，检录札记，仅凭兴趣，漫无目的，且领悟粗浅。待到新中国成立后，余便躐读时称"学堂"的高等小学五年级下学期（清明节假后插班）和六年级，继又读初、高中六年后，考入了山东大学五年制历史系。

山大毕业后从教，直至退休。其间数十年，愚笔录箴言成习，累月积年，形成了“两个无数”：笔记本无数，箴言无数。拙编《醒世箴言》，正是从这两个无数中择其要纂集而成，且煌煌二万五千余言矣！再看，清代朱柏庐的《朱子家训》五百一十五言，李毓修的《弟子规》一千零八十言，南宋王伯厚的《三字经》一千四百七十六言；三书相加，也仅三千零七十一言，尚不及《醒世箴言》的八分之一。诚然，数量不等同于质量。然而，没有数量，断无质量；皮之不存，毛将焉附？

《醒世箴言》成书前后，难忘陈柳德教授的悉心关注和全力支持。不过，柳德贤弟却谦逊地说：“有幸集中学习孙兄所辑箴言，进而获得做人处事、立德立本的道理，实在难得。箴言训导我们，箴言警人醒悟、成全我们，了不得啊！”

是的，我们伟大的祖国是一个箴言大国，事事有箴言，俯仰即是，很了不起！这是五千年文明古国的伟大印迹，很值得每一个中国人为之骄傲和自豪！应该说，有着鲜明中国特色的箴言，是中华民族优秀传统文化的一个重要组成部分。它训导、规诫着每个人的言行，弘扬真善美，贬斥假恶丑；它培育着国人知荣辱、讲正气、作奉献、促和谐的良好风尚；它有着儒释道诸家精华兼容的特色，是中华民族优秀传统文化的结晶。

记得20世纪70年代美国总统尼克松访华时，曾引用了“不怕慢，只怕站”的中国箴言，来形容经济的发展，其普世价值可窥一斑。毋庸置疑，中国箴言具有普世性。

所谓“箴言”，乃是一种以规诫人们正确做人处事、向上从善为目的的有韵文体。这种文体雅俗共赏，实用性强。它贴近生活，语言淳朴，通俗易懂，一经成诵，没齿不忘。不分贵贱，无论官民，人人皆可因习诵箴言而受益终生。这种文体植根于民众，语言丰厚。有采自格言雅韵的，亦有集自谚语警句的；有文言，也有俚语，还有诗词婉句；有方言土语，亦有小调词曲；有修身齐家之方，也不乏安邦治国之道……真是琳琅满目，应有尽有。

再就是，在编辑《醒世箴言》的过程中，余不仅对上述诸方面极尽努力，慎之又慎，且更注重了时代的要求，进行了辩证的取舍。不仅注重了立论的正确，力求形式和内容的完美统一，以期达到真善美并举的效果。尽管编者水平有限，但却未敢稍有懈怠。但愿拙编《醒世箴言》能经得住历史和实践的检验，为国人所认可，为社会所接受。

话至此，不由想起当代著名史学家周谷城先生的话。他说：“有的蒙学书能够长期流行，为社会长期接受，在传授基本知识、进行道德教育时，采取易于上口易于记忆的形式，确实有长处和优势，是不能一笔抹杀的。”周先生言之有理。然而，社会在发展，时代在前进，我们万不可将产生和流行于数百年前甚至上千年前的蒙学读本视为金科玉律，原封不动地拿来向人们尤其是向青少年莘莘学子灌输。应该有与时俱进的、以弘扬中华民族传统美德和时代新风为主旋律的蒙学课本，对国民尤其对青少年进行社会公德、职业道德、家庭美德、个人品德的教育，以期全面提高国民的道德素质。

当今，我们应该清醒地认识到，我国国民道德素质的提高还远远滞后于国际地位的提高，滞后于国民经济的发展。诚然，国民道德素质的提高，不同于可用百分比计算的国民经济的发展；它必须从教育入手，从源头开始，从娃娃抓起；它要有一个潜移默化的漫长过程。尽管如此，对于子孙的教育时不我待，万不可等闲视之！说实在的，《醒世箴言》的急就，也正是基于这方面的考量，历史是凝固的现实，现实是流动的历史。国人要振奋精神，要在历史的流动中为国争光，为民争气；多少事，从来急！正是：

雄狮猛醒兮，东方红，
神州崛起兮，复兴梦；
时不待我兮，战鼓催，
泱泱大国兮，亟振兴！

至此，必须着重提及的是，《醒世箴言》之所以成书面世，实在有赖于陈柳德教授。他是发现余所辑箴言重要价值的第一人；他不辞劳苦，在整理纂辑《醒世箴言》的前前后后，倾力将余散乱的上万条箴言资料整理分类，以至历时两年有余。同时，本书的纂集还得到了山东省济宁科普彩印有限责任公司的鼎力相助；得到了山东省济宁师专（今济宁学院）原党委副书记杨德柱、山东省鲁南机床厂高级工程师兼原副总工程师刘兴义的热情激励；得到了同仁及挚友高庆鸿、陈孟中、张传云、刘本才、吴永福、郭承福、麻永明（回族）、顾兴志、樊腾飞（满族）、潘甫安、褚和平、郝延海以及郝秀荣、唐连民二女士的大力支持和帮助……在此一并表示诚挚的谢意！

由于编者水平有限，加之时间仓促，书中的不当之处在所难免，在此诚惶诚恐地敬请方家和广大读者批评、教正！

孙效东

2015年6月